edition chrismon

Bibliografische Information der Deutschen Bibliothek:
Die Deutsche Bibliothek verzeichnet diese Publikation in der
Deutschen Nationalbibliografie; detaillierte bibliografische Daten
sind im Internet über http://dnb.ddb.de abrufbar.

Autor: Arnd Brummer
Lektorat: Elke Rutzenhöfer
Umschlagillustration: Olaf Hajek
Umschlagfoto: Ilja Mess
Gestaltung und Satz: Lisa Keßler
Druck und Bindung: Lindendruck Verlagsgesellschaft mbH, Hannover

Printed in Germany, ISBN 978-3-86921-088-9

Arnd Brummer

UNTER KETZERN

Warum ich evangelisch bin

INHALT

EIN VORWORT

Über den Glauben zu sprechen oder zu schreiben, gelingt nur in zwei extrem unterschiedlichen Haltungen: entweder ganz aus der Nähe, höchst persönlich, ausgehend von der eigenen Wahrnehmung; oder empirisch, statistisch zählend, äußere Wahrnehmbarkeiten notierend. Da der Glaube ein Werden und Wahrnehmen ist, ein vermessenes Messen zwischen dem Nichts und der Unendlichkeit, zwischen der eigenen Seele in ihrer Unbegreiflichkeit und dem Unbegreiflichen als dem Seligmachenden, verändert er sich auch unter dem Nachdenken und im Beschreiben. Kurz: ich bin nach dem letzten Wort in diesem Essay nicht mehr der, der ich beim Setzen des ersten Buchstaben war. Diese Erkenntnis ist biographisch, biologisch, existenzphilosophisch eine sehr schlichte Wahrheit, ja eine Binsenweisheit. Aber im Falle der Selbstwahrnehmung, der Wahrnehmung Gottes und seines Bezuges zur Welt ist dieser Umstand ebenso bedrohlich wie beflügelnd für mich als Schreibenden. „Unter Ketzern" heißt dieses Buch, weil es mit einem Erlebnis des zehnjährigen Arnd Brummer verbunden ist, das ihn von einem religiös bewegten Jungen zu einem zunächst zweifelnden, bald verneinenden und doch wieder fragenden Wanderer in der Einsamkeit werden ließ, bis er den Weg in eine Gemeinschaft fand, in der Zweifeln, das Fragen und selbst das Verneinen ausdrücklich gewollt ist. Und nun, unter den Ketzern, kann er die Reise fortsetzen.

Dieses Buch beschreibt meinen höchst persönlichen Weg aus der römischen Kirche, aus einer im besten Sinne katholischen Familie in die Kirche der Freiheit. Ich schreibe es voll großem Respekt für all jene, die in der römisch-katholischen Kirche bleiben, um sie zu reformieren. Aus Respekt und auch in wachsendem Unverständnis. Denn wie sie auch heißen, ob Hans Küng, Hermann Häring oder Franz-Xaver Kaufmann, sie wissen, dass sie und wahrscheinlich auch die gerade jetzt getauften Kinder der übernächsten Generation von römischen Katholiken nicht erleben werden, was sie ersehnen: eine für alle Menschen offene, auf Männer und Frauen in gleicher Weise zugehende, dem tiefsten Wesen des bezeugten Jesus Christus entsprechende, offene, demütige, ihrer Sündigkeit bewussten und ihrer immerwährenden Erneuerungsbedürftigkeit gewärtigen Gemeinschaft, eine echte Kirche eben.

Dieses Buch erscheint nicht zufällig in unmittelbarer zeitlicher Nähe zum Deutschlandbesuch 2011 des Papstes Benedikt XVI., denn diesem Theologen im römischen Leitungsamt verdanke ich wesentliche Anstöße für meinen Aufbruch, ja vielleicht den wesentlichen Impuls, meine Heimat unter den Evangelischen zu finden.

Es hat mir sehr gefallen, wie der damalige Bischof der Kirchenprovinz Sachsen Axel Noack seinen Weg ins Theologiestudium und ins Pastorat zu DDR-Zeiten beschrieb. Noack, der als Jugendlicher gar nicht vorhatte, diesen Weg zu beschreiten, aber immer deutlicher erkannte, dass die Ideologie des SED-Regimes nicht zu seiner Weltauffassung passte, formulierte etwa so: Schließlich bediente sich der Herr seines Knechtes Walter Ulbricht, um mir diesen Weg zu weisen. Ein Satz von tiefer biblischer Frömmigkeit, gleichzeitig aber von ironisch-selbstironischer Raffinesse schimmernd. Nun denn: In meinem Fall bediente sich der Herr seines Knechtes Joseph Ratzinger (und einiger anderer Knechte und Mägde), um mir den Weg in eine neue Heimat zu weisen.

Als die BILD-Zeitung mit ihrer aus journalistischer Sicht genialen Überschrift die Wahl Ratzingers in Rom bejubelte – „Wir sind Papst!" – , leistete sie Ketzern wie mir einen Dienst als dialektisches Gegenüber. Wir Christen, die Martin Luthers Auffassung vom Priestertum aller Glaubenden teilen, sind tatsächlich alle Papst (aber nicht der von Rom, Italien)

und sind es, weil wir wie die evangelisch inspirierten Demonstranten von 1989 in Leipzig, Berlin und anderen Städten
der DDR ausrufen: Wir sind das Volk! Wir sind das Volk –
Gottes! Wir sind das Gottesvolk! Und wie die legendären
Bluesbrothers sind wir „unterwegs im Namen des Herrn".
Und weil wir alle Nachfolger Petri sind (und Nachfolger Maria Magdalenas und aller Jüngerinnen und Jünger Christi),
freuen wir uns über jeden Besuch. Also sei der Bruder Papst
aus Rom uns als Mitchrist herzlich willkommen. Die gewählten Repräsentanten unserer Kirche werden ihn höflich,
freundlich und zuvorkommend wie immer in Erfurt begrü
ßen. Die Präses und der Ratsvorsitzende, die Bischöfin und
der Kirchenpräsident, die Mitglieder des Rates der Evangelischen Kirche in Deutschland werden mit Benedikt geschwisterlich beten und ökumenisch illusionslos ein weiteres Mal
feststellen: Eine Ökumene – zu deutsch Hausgemeinschaft
– der Christen gibt es (zumal in Deutschland) längst, eine
solche der Institutionen wird es niemals geben. Es sei denn,
Rom würde aufhören, Rom zu sein, oder die Kirche der Freiheit würde ihre eigene Identität verraten.

Ich habe Menschen wie Hans Küng und Hermann Häring
bereits meine Hochachtung bekundet. Ich glaube, sie wähnen
sich als Gesandte des Herrn, als Missionare, die verzweifelt
versuchen, der Kleruskirche ihr Sein als solche auszureden.
Nur so ist zu verstehen, dass sie dem römisch-autokratischen

System nach wie vor als Mitglieder die Treue halten, obwohl sie seiner Lehrmeinung und seinem Kirchenbegriff fast in jedem Punkt widersprechen. Ich glaube nicht, dass sie deswegen in der römischen Kirche bleiben, weil man als Dissident mit Büchern bessere Umsätze macht und häufiger in Talkshows eingeladen wird. Obwohl das natürlich stimmt. Schaut man sich ihre Forderungskataloge für Reformen an, wissen die Autoren selbst, dass, was sie wünschen, längst auf dem Weg oder realisiert ist: bei Protestanten, Methodisten oder Altkatholiken etwa. Und so hat der hämisch klingende Aufruf des katholischen Boulevard-Rhetorikers und Psychiaters Manfred Lütz nach dem Reform-Appell von 144 keineswegs „linker" oder „liberaler" katholischer Theologen schon etwas Wahres an sich: In dem Appell seien alle zwischen den Kirchen kontroversen Themen im Sinne der evangelischen Lösung entschieden; wer also als Katholik die Forderungen teile, könne „sofort zur Evangelischen Kirche in Deutschland übertreten". Lützens Aufforderung klingt so ähnlich wie das, was sich in der Adenauer-Republik jene anhören mussten, die Reformen forderten: Wenn es dir hier nicht passt, dann geh' doch rüber! Mit einem Unterschied: es wäre ein Weg in die Freiheit. Ich habe diesen Weg vor mehr als zwei Jahrzehnten gewählt, habe die Papstkirche verlassen – und es nie bereut.

Konstanz. Wer in dieser Stadt an Bodensee und Rhein nicht mit der Geschichte der Kirche konfrontiert werden will, muss Augen und Ohren konsequent geschlossen halten. Ich bin dort ab meinem dritten Lebensjahr aufgewachsen. Mein Elternhaus war von beiden Seiten her gut katholisch, wie man damals sagte. Der väterliche Teil, aus Baden stammend, bürgerlich gediegen, liberal und nicht konfessionalistisch, hielt Abstand zu extrovertierter Frömmigkeit. Das galt für meinen Vater wie für meine Großeltern und die übrige mir bekannte Verwandtschaft. Man war katholisch, ging regelmäßig zur Messe. Aber Wallfahrten, Prozessionen und Ähnliches sah man distanziert, kommentierte solches Geschehen auch mal mit mildem Spott. Großvater Albert verfügte über ein schier unendliches Reservoir von Witzen über Priester, Nonnen, Wunderglauben und andere klerikale Besonderheiten. Geboren 1895 als Sohn einer Kaufmannsfamilie im badischen

Odenwald, sollte Albert Brummer eigentlich Priester werden und besuchte deshalb das erzbischöfliche Konvikt in Tauberbischofsheim. Nach seiner Rückkehr aus dem Ersten Weltkrieg, in dem er schwer verwundet wurde und ein Auge verlor, lernte er bei einem Kuraufenthalt in Bad Mergentheim meine Großmutter kennen und wurde Lehrer. „Wenn ich das andere Gesangbuch hätte, wäre ich sicher Pfarrer geworden", hat er mir mal gesagt.

Die Familie meiner Mutter, aus dem Frankenland stammend, praktizierte – bis auf meinen stillen, jeden Sonntag leise und alleine die früheste Messe besuchenden Opa Peter – eine geradezu barocke Marienfrömmigkeit. Meine Mutter, zeitweise Redakteurin einer katholischen regionalen Wochenzeitung, verehrte Dom Helder Camara, den Bischof von Olinda und Recife in Brasilien, den Begründer der Befreiungstheologie. Oma Lina liebte Maiandachten, Marienlieder und betete gerne und häufig Rosenkränze. Uns Kindern erzählte sie mit dramatischem Temperament Heiligenlegenden von Aloysius bis Ursula, brachte uns die Allerheiligenlitanei bei und schenkte uns Heiligenbildchen für unsere Gesangbücher.

Ich mochte die meisten ihrer Geschichten, konnte sie bald selbst gut erzählen und andächtig Omas Lieblingslied mitsingen: „Meerstern, ich Dich grüße, oh Maria hilf! Gottesmutter süße, oh Maria hilf!" Wobei ich mit dem „Meerstern" meine Schwierigkeiten hatte, weil ich ihn für etwas Ähnliches hielt wie einen Seestern. Dass ich bereits im Alter von sechs oder sieben Jahren mit der Idee vom einen Gott die Erweiterung der Dreifaltigkeit um die „Gottesmutter" zum Quartett nicht in Einklang bringen konnte, sah ich als meine Schwäche an und behielt es für mich. Weil ich ein so andächtiges und liebes Kerlchen war, schlug eine mit meinen Eltern befreundete Ordensfrau vor, mich zur Frühkommunion zuzulassen.

Der Dekan und Münsterpfarrer zu Konstanz, ebenfalls häufiger Gast in meinem Elternhaus, war überzeugt, ich würde einmal Priester. Ich erzählte ihm von Großvater Albert und seiner Entscheidung. Der Dekan schmunzelte und legte mir den Arm auf die Schulter: „Lieber Arnd, bis du erwachsen bist, ist der Zölibat längst abgeschafft!"

Das war im Jahr 1963 oder 1964. In Rom lief das Zweite Vatikanische Konzil und in meiner Heimatstadt bereitete man sich auf die Feier 550 Jahre Konstanzer Konzil vor, das zur Aufhebung des Schismas einberufen worden war und an dessen Ende es zur einzigen Papstwahl nördlich der Alpen kam.

Meine Eltern gehörten einem sogenannten Konzilskreis geradezu aufbruchseuphorischer, reformfreudiger Katholiken an. Ich erinnere mich an Nächte in unserem kleinen Haus, in denen bis in die Morgenstunden über die Zukunft der Kirche diskutiert, die Nachrichten vom Konzil analysiert, in Unmengen geraucht und Wein getrunken wurde. Seltsame Worte wie „Aggiornamento" klangen bis hinauf in unsere

13

Kinderzimmer. Alle liebten den alten, großohrigen, Güte, Humor und Mut ausstrahlenden Papst Johannes XXIII., Angelo Roncalli. Oft fielen die Namen der Kardinäle Julius Döpfner und Franz König. Und 1964 durfte ich nach der Eröffnungsfeier des Konzilsjahres auf dem Münsterplatz die Hand Franz Königs drücken, des Wiener Erzbischofs. Er hatte den Festvortrag gehalten. König hielt mir die behandschuhte Rechte entgegen und ich griff fröhlich zu, was einen mürrisch dreinschauenden Kleriker neben König verdross. „Küssen", zischte er, „küss die Hand von seiner Eminenz!" Schon griff er an meinen Hinterkopf, um meinen Mund Richtung Bischofsring zu bewegen. „Lassen's den Buben", stoppte ihn der Kardinal, „a richtiger Händedruck langt!"

Als ich mich mit meiner Mutter ein paar Schritte entfernt hatte, erklärte die mir: „Das hättest du ruhig tun sollen. Das ist ein Zeichen der Verehrung seines Bischofsamtes." Und warum soll ich das Bischofsamt verehren? „Ein Bischof ist ein Nachfolger der Apostel." Mhmm.

Das tat sich mir irgendwie nicht auf. Ich fand den Kardinal überzeugender – ein richtiger Händedruck genügt.

Als der alte Papst im Jahr zuvor gestorben war, hatten meine Eltern und ihre Freunde tief um ihn getrauert. Ich sah Tränen in den Augen meiner Mutter. Und während des Konklaves zur Wahl des Nachfolgers hatte ich den Namen „König" von den Erwachsenen erstmals gehört. Man nannte ihn „papabile" und war ein wenig enttäuscht, dass nicht er, sondern der Mailänder Erzbischof Montini zum Papst gewählt wurde. Und als dieser den konziliaren Reformeifer einbremste und eher zaudernd als vorwärtsdrängend vor sich hin administrierte, hieß es im elterlichen Freundeskreis immer wieder: „Wenn es doch der König geworden wäre! Wir wären schon weiter!"

Ich bin heute davon überzeugt, dass auch Franz König nicht wesentlich anders agiert hätte als Paul VI. Zu klar ist in der Rückschau erkennbar, wie mächtig die Traditionalisten im inneren Zirkel der vatikanischen Kurie stets blieben. Andererseits gehörte auch König lediglich zu den sogenannten „moderaten" Reformern. Eine sehr viel weitere Öffnung der römischen Kirche zur Gegenwart wäre auch unter ihm kaum zu erwarten gewesen. Letztlich bleibt es Spekulation.

Je mehr ich mich mit der Sache des Glaubens befasste, desto mehr Fragen stiegen in meiner Seele auf. Aus meiner heutigen Sicht eine geradezu logische Entwicklung. Ich brachte es nicht zusammen, wenn mir meine Oma einerseits erzählte, dass Jesus für uns gestorben sei und uns von der Verdammnis erlöst habe, andererseits aber ständig davon redete, dass die Verstorbenen ihrer Sünden wegen durch das Fegefeuer müssten, einer Art Höllenstrafe auf Zeit mit auf Saunatemperatur herunter gepegelter Hitze. Geradezu schrecklich empfand ich das Gebet, das ich bereits als kleines Kind gelernt hatte: „Lieber Heiland, sei so gut, lasse doch dein teures Blut in das Fegefeuer fließen, wo die armen Seelen büßen. Ach sie leiden große Pein, wollest ihnen gnädig sein!"

Der zum Himmel aufgefahrene Gottessohn, sitzend zur Rechten des Vaters, soll von dort aus eine Art Blutdusche (aus den Wundmalen?) ins Fegefeuer (im Keller unter dem Gottesthron?) fließen lassen – und das noch auf unseren Wunsch!

Und weil das noch nicht reichte, sollten in weiteren Gebeten, die meine Oma innig sprach, auch noch diverse Heilige beim lieben Gott vorsprechen, auf dass dieser die armen Seelen begnadige. Der allmächtige, allwissende, gütige Gott brauchte also Leute, die ihn bitten, nicht so hart zu sein. Das fand ich sehr seltsam.

Wenn ich Mutter oder Oma fragte, warum dies oder jenes so sei, bemühten sie sich um redliche Antworten. Oft gelang es ihnen, mich wenigstens für eine gewisse Zeit zufrieden zu stellen. Manchmal hieß die Antwort: Kind, ich weiß es nicht. Oder: Da bist du noch zu jung. Oder: Das sind die Geheimnisse des Glaubens.

Letzteres antwortete auch Schwester Margarethe, die Religionslehrerin, gerne, die uns in der Grundschule den Glauben erklären sollte. Bis auf eine der letzten Stunden in Klasse Vier, habe ich nur spärliche Erinnerungen an Schwester Margarethes Unterricht. Ich weiß nur, dass wir massenhaft biblische

Geschichten als Bilder malen sollten: Adam und Eva mit Schlange, die Arche Noah, Daniel in der Löwengrube, die heilige Familie um die Krippe, Jesus am Kreuz, die Auferstehung.

Nur eine Szene, kurz vor unserem Wechsel in weiterführende Schulen, hat sich in meinem Kopfe geradezu filmisch klar erhalten:

Schwester Margarethe begab sich im Juni 1967 mit ihrer Reli-Klasse auf einen kirchengeschichtlichen Spaziergang durch die Konstanzer Altstadt. Wir besuchten das Münster, in dem die Konzilsväter fast vier Jahre lang getagt hatten. Wir besichtigten das „Konzil" genannte alte Kaufhaus am Hafen, in dem 1418 das Konklave Papst Martin V. wählte, schlenderten eislutschend durch die Altstadt. Bevor wir den Bus zurück zur Schule nahmen, machten wir noch einen kleinen Schwenk in den Stadtteil Paradies. Der heißt so, weil dort die Konstanzer Bauern seit altersher ihre fruchtbarsten Gemüseäcker haben.

Ein großer dunkler Stein, ein sogenannter Findling, in einem winzigen Park inmitten eines Wohngebietes. Auf dem Stein in goldenen Lettern: Johannes Hus, 6. Juli 1415. Die Schülerinnen und Schüler stehen ein wenig ratlos vor dem Felsbrocken, kauen auf ihren Vesperbroten herum, dann erhebt die Schwester ihre Stimme: „Hier ist der Hus verbrannt worden. Das Konzil hatte ihn zum Tode verurteilt." Bevor sie weiterreden kann, frage ich: „Warum ist der Hus verbrannt worden?" Sie: „Weil er ein Ketzer gewesen ist!" Ich: „Was ist das, ein Ketzer?" Die Lehrerin: „Einer, der dem Papst und der Kirche nicht gehorsam sein kann!" Ich: „Und deswegen wird man verbrannt?" Sie: „Heute nicht mehr, aber schlimm ist es immer noch!"

Es traf mich wie der sprichwörtliche Blitz: Wegen Ungehorsams wird einer verbrannt? Nein! Doch! Die Kirche Jesu Christi verbrennt jemanden! Einen Ketzer? Beim Abendessen zuhause habe ich es meinen Eltern erzählt. Mein Vater: „Hus war nicht der einzige, der im Feuer starb, weil er Häresien, von der Lehre der Kirche abweichende Auffassungen, verkündete." Und dann zog er einen Band des Lexikons aus dem Schrank, erzählte von Martin Luther und Galileo Galilei, die Glück gehabt hätten, von Hus, von dessen Freund Hieronymus von Prag („auch in Konstanz verbrannt"). Ich kann nicht behaupten, dass ich von nun an nichts anderes mehr im Sinn gehabt hätte. Zu sehr interessierte ich mich für Fußball und die Musik der Beatles, von Led Zeppelin und Cream. Aber ich wollte mehr wissen über den Ungehorsamen, über sein Leben und seine Ideen. Ich beschaffte mir alles, was ich über diesen erstaunlichen Menschen zu lesen bekam, zunächst aus der Stadtbücherei, später aus der Konstanzer Uni-Bibliothek. Ich war fasziniert von diesem Priester aus Husinec und von seiner Standhaftigkeit vor dem konziliaren Ketzergericht.

Die Ketzer und Häretiker wurden mein Thema. Ich las über die Inquisition, deren Urteile selbst Ordensleute zum Opfer fielen. Und ich wollte wissen, was die Gründe dafür waren, den Priester Jan Hus auf den Scheiterhaufen zu schicken. Dabei stieß ich auf John Wyclif (1325 – 1384), den man in Konstanz im Prozeß gegen Hus dreißig Jahre nach seinem Tod ebenfalls zum Ketzer erklärt, seine Schriften verdammt und beschlossen hatte, seine Gebeine auszugraben und zu verbrennen, was 1428 schließlich geschah. Mir wurde klar, dass der Reformator Martin Luther in diesen beiden Männern Vorläufer hatte. Die Übersetzung der Bibel, die Messe in der Volkssprache, das Abendmahl für alle Gläubigen in beiderlei Gestalt – ich war fasziniert. John Wyclif, noch radikaler als Hus, wendet sich gegen den erzwungenen Zölibat, gegen das Ablasswesen (nicht nur gegen den Ablasshandel), gegen das Sakrament der letzten Ölung, gegen Totenmessen und sogar gegen die Heiligenverehrung. Seine Begründung in jedem dieser Fälle: Davon sei in der Heiligen Schrift nichts zu finden. Und diese sei die letzte Autorität – kein Papst, kein Konzil, kein Bischof könne sich darüber hinwegsetzen.

Mit roten Ohren lag ich auf dem Bett und nahm auf, dass Wyclif den Priestern absprach, Hostien und Wein tatsächlich in Leib und Blut Christi verwandeln zu können. Ich war sehr froh darüber, als zwölf-, dreizehnjähriger Knabe zu erfahren, dass die Evangelischen in der benachbarten Kreuz- oder in der Pauluskirche neben meinem Gymnasium die Worte Jesu „Das ist mein Leib… mein Blut" nicht wortwörtlich nahmen. Und noch mehr begeisterte mich, dass bei den Protestanten Leute gemeinsam zum Abendmahl gingen, die durchaus unterschiedliche Vorstellungen von der Bedeutung des Mahles hatten. Die einen nahmen Brot und Wein zum Gedächtnis an Christi Erlösungstat, die anderen nahmen im Brot die Substanz Christi in sich auf.

Ich las in der Geschichte meiner Heimatstadt, dass die Auseinandersetzung um Glauben und Kirche sie offenbar bis ins jüngste Zeitalter hinein stärker prägte als viele andere in Deutschland.

So erfuhr ich, dass sich die Konstanzer 130 Jahre nach dem Konzil für die Sache der Reformation entschieden und den Bischof vertrieben hatten, von den Habsburgern jedoch mit militärischer Gewalt „rekatholisiert" worden waren. Ich begegnete Ignaz Freiherr von Wessenberg, dem Bistumsverweser, der zu Beginn des 19. Jahrhunderts einen Versuch gewagt hatte, in seiner Diözese ein Klima der geistigen Offenheit zu schaffen. Und ich begegnete den empörten Konstanzer Katholiken, die nach dem Dogma der päpstlichen Unfehlbarkeit durch Pius IX. nach 1870 die römische Kirche in Scharen verließen und eine altkatholische Gemeinde bildeten, der zeitweise fast 70 Prozent der Einwohner angehörten und die bis auf den heutigen Tag lebendig ist.

Während ich all dies geradezu gierig in mich aufnahm, leistete ich als Ministrant Altardienst, gehörte einer Gruppe der katholischen Jugend an und leitete später eine. Mit meinem Gemeindepfarrer über meine Gedanken, meine Zweifel, meine Fragen an die Kirche zu reden, war unmöglich. Pfarrer N.R., ein Pater des Salesianerordens, war ein freundlicher, bisweilen leicht gewalttätiger Bayer, den dieser „alte Mist" nicht sonderlich interessierte. Einmal machte ich den Versuch, ihn nach seiner Meinung zu Hussens Forderung zu befragen, alle Gläubigen an der Eucharistie in beiderlei Gestalt, mit Brot und Wein, teilhaben zu lassen. „Ja mei", seufzte der Pater, „das hat schon seine Ordnung, wie es jetzt ist." Wenn man den Kelch herumreichen würde, bestünde die Gefahr, dass vom Blut Christi verschüttet würde. Und außerdem: „Dann ging ja die Kommunion noch länger. Naa, das soll schon so bleiben. Und außerdem ist es die Lehre der

Kirche. Da entscheiden klügere Leute als du oder ich. Und am Ende ist es die Sache vom Heiligen Vater."

Dass der Präfekt des nahe gelegenen Lehrlingsheimes, in dem auch er früher tätig gewesen war, quasi über Nacht gehen musste, erklärte er mit dessen angeschlagener Gesundheit. Die dort wohnenden Lehrlinge, die hin und wieder mit uns Fußball spielten, berichteten ganz anderes. Der Präfekt habe sich, wenn er ein bisschen getrunken hatte, was häufiger vorgekommen sei, gerne an den Hosentürchen der Insassen zu schaffen gemacht und sich gegen Geld oder Versprechungen erbeten, „das Heinerle" der Jungs anfassen zu dürfen.

Ein anderer Pater trug den Ehrennamen „der Engel des Herrn". Er besuchte gerne Damen.

Ich erlebte in den kommenden Jahren einige Priester, die Verhältnisse zu Frauen und zu jungen Männern unterhielten. Ersteres wurde augenzwinkernd akzeptiert, letzteres im kleinstädtischen Konstanz kopfschüttelnd hinter vorgehaltener Hand kolportiert.

Es kam das Jahr 1971, die Zeit, in der ich Che Guevara entdeckte, sein bolivianisches Tagebuch las, das abrupt am 8. Oktober 1967, einen Tag vor seiner Erschießung durch die Armee im bolivianischen Dschungel, endete. Sein Poster und das seines Companero Fidel Castro, des Maximo Lider, hingen über meinem Bett. Sie lösten Winnetou und Old Shatterhand, Tom Sawyer und Huckleberry Finn ab.

Ich besorgte mir eine neue Bibel, das kleine rote Buch mit den Worten des großen Vorsitzenden Mao Tsetung. Mein neuer Wahlspruch stand auf Seite 214: „Fest entschlossen sein, keine Opfer scheuen, alle Schwierigkeiten überwinden, um den Sieg zu erringen!" Ich lernte das revolutionäre Liedgut. Angetan hatten es mir vor allem das Kampflied „Venceremos" und die Internationale. Und Bob Dylans „Times they are a changing" faszinierte mich, mit den überaus treffenden Zeilen: „Come mothers and fathers throughout the land and don't criticize, what you can't understand." (Ihr Mütter und Väter draußen im Land, hört auf zu kritisieren, was ihr nicht verstehen könnt!)

Als uns meine marienverehrende, fromme Oma besuchte und in meinem Zimmer wohnen sollte, forderte mich meine Mutter ultimativ auf, die Poster meiner neuen Helden abzuhängen. Ich weigerte mich. Als Oma mit ihrem Koffer ins Zimmer trat, klagte meine Mutter: „Ich habe ihm befohlen, die Bilder dieser beiden bärtigen Kerle abzuhängen. Aber er ist so stur!"

Oma schaute sich das rote Plakat von Che und den überlebensgroßen Fidel lange schweigend an. Dann wuchtete sie den Koffer aufs Bett und meinte: „Egal. Hauptsache keine nackerten Weiber!"

Ein paar Wochen später erklärte Pater Joseph, Religionslehrer an unserem humanistischen Gymnasium, uns pubertären Jungs, nun nahe die Zeit, in der sich bei jedem von uns offenbare, ob wir zum Leben als Ehemann und Vater oder zum Priestertum berufen seien. Auch bei den Mädchen stünde die Frage an, ob sie zur Mutterschaft oder zur Rolle der Ordensfrau berufen seien. Wobei Gott der Herr die meisten Frauen lieber als Gebärende sehe. Nur ein kleiner Teil von ihnen sei für den besonderen Dienst der Nonnen geeignet.

Ich meldete mich und stellte dem Pater die Frage, was man denn tun solle, wenn man sich sowohl zur Ehe als auch zum Priestertum berufen fühle. „Noch mehr, noch intensiver beten." Eine Doppelberufung gebe es nicht. Der Herr entscheide entweder für das eine oder das andere. Man müsse nur genügend beten, dann werde die Berufung in jedem Fall sichtbar. „Aber", wandte ich ein, „es ist doch zumindest theoretisch möglich, zu beiden Aufgaben berufen zu sein. Und dann müsste man ja auf die eine Hälfte seiner Identität verzichten." Unmöglich, beschied mich Pater Joseph, schon deutlich genervt. Der ansonsten sehr überlegte und ausgeglichene Kleriker nestelte nervös an der Kette seiner Taschenuhr. „Gut", erwiderte ich, „nehmen wir einfach mal an, rein theoretisch, es könnte so sein..." – weiter kam ich nicht. Pater Joseph deutete mit seinem Zeigefinger auf mich und schrie: „Satanas, vade retro! Satanas, vade retro! Raus, raus!" Völlig verdattert hob ich die linke Faust, stimmte die Internationale an und verließ das Klassenzimmer.

Als ich nach Hause kam, bemerkte meine Mutter sofort, dass irgendetwas vorgefallen war. Ich erzählte ihr die Geschichte von Pater Joseph, den sie kannte und mochte. Als ich ihr, noch immer ratlos, den Vorfall geschildert hatte, begann sie zu weinen und zu jammern: „Was hast du dem armen Mann angetan, was hast du mir angetan! Ich kann mich in dieser Stadt nicht mehr sehen lassen! Was hast du getan!" Nun war ich völlig perplex. In mir wuchs der Zorn des Unverstandenen: „Ich? Ihm? Angetan?" Als sich Mutter ein wenig beruhigt hatte, holte sie Atem und begann: „Wie du weißt, bin ich im Vorstand des katholischen Frauenbundes. Und der Pater Joseph ist unser geistlicher Beirat. Jede von uns weiß, dass er ein Verhältnis mit einer Vorstandskollegin hat. Und nun meint er, ich hätte dir davon erzählt und du würdest ihn mit deinem Wissen vorführen, ja quälen wollen." Ach so.

Pater Joseph und ich hielten für die paar Monate bis Schuljahresende, die wir noch miteinander klar kommen mussten, eine Art Waffenstillstand. Ich nahm an seiner Religionsstunde nur noch körperlich teil, erledigte Hausaufgaben für andere Fächer und schwieg. Und er behandelte mich, als wäre ich Luft.

Wenn ich heute über die ganze Sache nachdenke, kann ich ihn gut verstehen und meine Mutter auch und natürlich mich selbst. Weder der Pater noch ich waren Täter. Wir – die Leidtragenden einer seltsamen Art der römischen Kirche mit dem Scheitern umzugehen. Es ist mir bis heute ein Rätsel, was daran im Sinne Jesu sein soll.

Es gibt neuerdings eine Art esoterisch-primitive Verklärung des Zölibats durch katholische Neokonservative, die sich an der Weltverneinung als dem eigentlichen Wert der Kirche berauschen. In diesem Zusammenhang preisen sie den Zwangszölibat mit Worten des Theologen Joseph Ratzinger als „zeichenhaften Verzicht um des im Glauben übernommenen Dienstes willen", der nur funktioniere, wenn er weltweit und für alle Priester gelte. Er wird als „antibürgerliche Gegenwelt in der Mitte der unsrigen" gefeiert („Spiegel"-Journalist Matthias Matussek). Der zölibatäre Priester schreibt Matussek, „lebt im Angesicht des Heiligen. Er ist nicht der Kumpel, den man in der Kneipe trifft. Er ist die auratische Respektsperson, der man aus der Andachtsdistanz heraus begegnet." Das ist die religiöse Sehnsucht eines Amüsier- und Abenteuerkatholizismus, der sich Priester als weltferne Fetischfiguren hält, um sich selbst in der Verehrung des geweihten Standes als immun gegen kleinbürgerliche Alltäglichkeit zu wähnen. Andachtsvolle Distanz gegenüber Hochwürden und kraftvoll jene abwatschen, vor allem Protestanten, die anders glauben. Das alte, schizoide fundamentalistische Modell bildet das Grundmuster, in dem sich ein pseudointellektuelles Häufchen mit seiner Traditionshingabe den tumben Zeitgeisttoren überlegen fühlt. In theologische Diskussionen, etwa über das Priestertum aller Glaubenden, begeben sich die Bewunderer des Theologen Ratzinger selbst äußerst ungern. Sie halten diese bewährte Wissenschaft für überflüssig wie Astrologie. Da posaunt man lieber hinaus, dass die wahre Avantgarde heute die ganz Altmodischen sind. Das neue Spiel, nachdem man alle anderen ausprobiert hat, ist das ganz alte. Man kennt es vom Antiquitätenmarkt. Also: Viel Spaß dem Wider-den-Zeitgeist-Club, der in Menschenferne und Distanz zum Alltag die Nachfolge Christi zu erkennen wünscht, weil das so anders ist als in der restlichen Welt, weil es so schön ist, wenn sich etwas exotisch der Moderne verweigert, weil es den bürgerlichen Durchschnitt mit Heiligkeit verblüfft. Erinnert mich an die Protagonisten des blauen Blutes, an die Nachlassverwalter eines elitären Adelskultes, die „bürgerlich" ebenso für ein Schimpfwort hielten wie die Protagonisten der marxistischen Welterlösung.

Die antibürgerlichen Verweigerer von links wie rechts hegen und pflegen eine Art exklusiven Privatfundamentalismus, der sich naserümpfend über die Bürgerlichkeit erhebt, weil sie in deren Alltagsgrau den Pragmatismus, den immer neu auszuhandelnden Kompromiss zwischen Lehre und menschlicher Bedürftigkeit als Triumph des Mittelmaßes über die Eliten des Eigentlichen vollzogen sehen. Deshalb basteln sie, wie Matussek, Bilder vom Priester als Symbol des unbestechlich Ewigen.

Mal abgesehen davon, dass die meisten Katholiken inzwischen wie ihre protestantischen Geschwister die Aufgabe von Christen (und zu denen gehören bekanntlich auch die Priester) im Sinne Jesu darin sehen, sündigen Menschen (und das sind alle) mit der frohen Botschaft so nahe wie nur möglich zu kommen. Mal abgesehen davon, dass dieser Jesus sich im Matthäus-Evangelium über die frommen Menschen lustig macht, die ihn „Fresser und Weinsäufer" nennen, weil er mit den Sündern freundschaftlichen Umgang pflegt, eben mit ihnen isst und trinkt: Es gibt, Gott sei Dank, viele katholische Priester und Pastoralreferenten, die sich freuen, wenn jemand mit ihnen ein Bier trinken geht.

In meinem katholischen Leben und auch nach meiner Konversion habe ich keine auratischen Respektspersonen getroffen, die aus ihrem ehelosen Status und um des Glaubens selbst willen eine Andachtsdistanz aufgebaut haben. Gut, ein, zwei Tolpatsche, die versucht haben, ihre Aura größer aufzublasen und sich damit eher zur Lachnummer machten, habe ich getroffen. Die anderen: eine Reihe netter Kerle, die meisten eher bedürftig als durch Heiligkeit verblüffend. Und der eine oder andere unter ihnen, der als Persönlichkeit gerade deshalb überzeugte, weil er rund um die Uhr für die anderen da war. Einer dieser mir persönlich gut bekannten Priester lebte mutmaßlich tatsächlich zölibatär. Die anderen, das wussten und wissen viele in Freundeskreis oder Gemeinde, leben in Beziehungen mit Freundin oder Lebensgefährten oder reisen – wie Matussek es nennen würde – „zur Triebabfuhr" hin und wieder in die nächste Großstadt. Viele von ihnen haben bis zum Rand ihrer Möglichkeiten sich selbst, ihren Glauben und am schlimmsten: ihre Beziehungen zu anderen Menschen verraten. Sie leben ein eigentliches und ein uneigentliches Parallelleben. Diese schizoide Verhaltensweise macht krank oder verlogen oder krank und verlogen. Sie sorgt in der Tat für Distanz, aber nicht aus Andacht, sondern aus Verbiegung und Verklemmtheit. In einer Mischung aus Angst und betrügerischer Schläue wissen die so Lebenden vermutlich nicht mehr zu unterscheiden, wer sie wann wirklich sind und wer zu sein sie bisweilen vorgeben.

Eine mir persönlich wohl bekannte Persönlichkeit aus der Priesterausbildung vermutet, dass mehr als die Hälfte der Priesteramtskandidaten schwul sind. Was andere Institutionen als Ausweis ihrer Fortschrittlichkeit für Eigen-PR nutzen würden, versteckt die katholische Kirche ängstlich. Dabei war doch der Zölibat in Zeiten der Diskriminierung und Kriminalisierung für viele homosexuelle Männer ein schützender Status. Wer auf dem Land als Priester lebte, musste sich nicht ständig fragen lassen, warum er mit Vierzig noch immer keine Frau abbekommen habe und ewiger Junggeselle geblieben sei. Noch schöner war das Leben in der klösterlichen Klausur vieler, vor allem der kontemplativen Orden.

Die große Mehrheit der schrumpfenden Zahl zeitgenössischer Weltpriester in Europa lebt in Paar-Beziehungen, was mit dem Amt schwer zu vereinbaren ist. Viele von ihnen sind sogenannte DoMo-Priester. Sie tauchen am Donnerstag zur Sitzung des Pfarrgemeinderates im Pfarrhaus auf, machen einen Besuch bei der Pfarrjugend, am Freitag sprechen sie mit den Alten, halten eine Andacht bei der Feuerwehr oder im Seniorenheim. Am Samstag hören sie Beichte, am Sonntag zelebrieren sie zwei bis drei Messen, am Montag schauen sie bei der Gemeindesekretärin vorbei. Dann wird die Anrufweiterleitung aktiviert und diese Priester verschwinden in eine entfernte, größere Stadt, wo sie mit Freundin oder Freund unauffällig ihr anderes Leben führen. In fortschrittlichen, offenen pastoralen Räumen riskieren neuerdings immer mehr Geistliche, ihre Beziehungen relativ offen zu leben. Sie setzen zu Recht darauf, dass dies den Gläubigen zunehmend gleichgültig ist: Lieber einen Pfarrer mit Freundin als gar keinen mehr. Und es gibt sogar Begrüßungscodes zu feierlichen Anlässen wie Gemeindefesten, bei denen jeder weiß, dass jetzt die Geliebte des Pfarrers in den Willkommensgruß einbezogen wird. Ein alter Bekannter aus einer südwestdeutschen Großstadt hat mir neulich erzählt, wie dort die übliche

Grußformel derzeit lautet: Wir begrüßen unseren Dekan Herrn M. und mit ihm Frau L., die einander in der Leitung eines wohltätigen Projektes verbunden sind. Das Projekt ist ihre eheähnliche Beziehung. Der Personalreferent vermutet es, der Generalvikar ahnt es. Der Bischof, wenn liberal, weiß es, wenn konservativ, will er es nicht wissen. Früher nannte man die Begleiterin „Haushälterin".

Hin und wieder hält einer der priesterlichen Gemütsathleten den Druck nicht mehr aus und gibt auf. Dann wird er sofort aus dem Verkehr gezogen. Wie einst mein schwäbischer Pfarrer L. Beim Gemeindefest in den frühen Morgenstunden wandte er sich an uns in der Runde der letzten Zecher: „Das Bistum wird mich demnächst über Nacht und lautlos verschwinden lassen. Ich habe mich bevölkerungspolitisch betätigt." Immerhin gab es für den werdenden Vater nicht nur eine ordentliche Laisierung auf eigenen Antrag, sondern in dem damals noch liberalen Bistum Rottenburg eine Aufgabe in der diözesanen Bildungsarbeit.

Reformorientierte katholische Theologen, aber auch der Vorsitzende der Bischofskonferenz, der Freiburger Erzbischof Robert Zollitzsch, haben längst öffentlich erklärt, dass es für den Zölibat keine theologische Begründung gebe. Aber in Rom interessiert das niemanden. Wenn man nach den wirklichen Gründen für das Festhalten an der zwanghaften Ehelosigkeit sucht, wird man in den biographischen Eigenerfahrungen der alten Männer in der Kurie fündig werden. In den römischen Sälen und Fluren raunen sich die mächtigen Greise zu: Wir haben diese Lebensform durchgehalten, also werden es die Jungen in Gottes Namen auch schaffen! Warum soll es denen besser gehen als uns? Diese Einschätzung stammt von einem Mitglied der katholischen Bischofskonferenz und wurde mir beim Glas Wein am Rande des Ökumenischen Kirchentags 2010 in München kundgetan – „aber bitte zitieren Sie mich nicht damit, zumindest nicht namentlich!" Schade.

Der Gemeindepriester N.R., mit dem ich als Ministrant zu tun hatte, war im Großen und Ganzen wenig auffällig, sieht man einmal von seiner bereits erwähnten latenten Gewaltbereitschaft ab. Vor allem wenn ein Hochamt aus Anlass eines kirchlichen Hochfestes in zahllosen Proben vorbereitet wurde, war sein körperlicher Einsatz schmerzlich zu spüren. Seine Lieblingsbestrafung war die sogenannte „Kopfnuss".

Ein Hochamt wurde in der Regel von drei Priestern und 17 Ministranten präsentiert. Einzug, gemeinsamer Kniefall, gemeinsames Aufstehen, Altardienst – alles musste wie am Schnürchen klappen. Vor allem in der Generalprobe hagelte es deshalb Nüsse, das heißt, mit dem ausgefahrenen Mittelgelenk des Mittelfingers schlug uns der heilige Mann von hinten auf den Kopf, wenn einer von uns auch nur einen Bruchteil zu spät in die Knie ging oder wieder nach oben kam. Unser Pfarrer fand das richtig gut, „den Buben Ordnung beizubringen".

Mein Vater fand das wenig lustig und schrieb Hochwürden einen kurzen Brief, in dem er ihm körperliche Gewalt untersagte. Der Priester reagierte auf seine Weise. Er mutete mir die großen Inszenierungen nicht mehr zu, sondern setzte mich nur noch bei der werktäglichen Frühmesse um 6.45 Uhr ein. Das fand ich wiederum nicht lustig. Also nahm ich meinen Abschied.

Dass mein Vater sich gegen die Züchtigungen gewandt hatte, machte ihm als Mitglied des Pfarrgemeinderates wenig Freunde. Die meisten Räte, ausschließlich Männer in diesen Jahren, vertraten die Auffassung, dass Schläge keinem Heranwachsenden schadeten – in der damaligen Zeit auch außerhalb der Kirchenmauern sicher keine Minderheitenposition.

Gruppenleiter in der katholischen Jugend durfte ich trotzdem werden. Schon damals herrschte Mangel an Jungs, die sich für solche Aufgaben bereit fanden.

Im Jahr der Bundestagswahl 1969 arbeitete meine Mutter als Redakteurin der Wochenzeitung „Suso-Blatt" in Konstanz am Bodensee. Die Besonderheit dieser Zeitung war der Umstand, dass der Verlag, der sie herausgab, nicht Eigentum der Kirche, sondern eines Privatmannes war. Meine Mutter interviewte für die Zeitung die Kandidaten der Parteien im Konstanzer Bundestagswahlkreis. Dass der Mann der Union im „Suso-Blatt" zu Wort kam, war pure Selbstverständlichkeit. Das Gespräch mit dem Bewerber der Sozialdemokratie war ebenfalls leicht zu begründen: Der Jurist war ein Neffe des Weihbischofs der Erzdiözese Freiburg, zu der Konstanz gehörte. Dass die Frau Brummer aber den Kandidaten der Liberalen, einen gewissen Ralf Dahrendorf, porträtierte, sorgte für heftige Telefonanrufe aus dem Freiburger Ordinariat bei Verleger und Chefredakteur. Einen Gottlosen, einen Liberalen in einem katholischen Medium zu präsentieren und dann auch noch als sympathischen, klugen Mann, das war das Werk des Teufels! Ich weiß gar nicht, ob sich Dahrendorf überhaupt zu kirchlichen Themen äußerte, jedenfalls war der gerade Vierzigjährige an der jungen Universität Konstanz als Soziologe einer der wenigen Wissenschaftler mit internationalem Ansehen. Bis in die Gänge der Freiburger Diözesanverwaltung mochte sich das noch nicht herumgesprochen haben. Die beiden Verantwortlichen für die Stimme der Katholiken am Bodensee blieben standhaft. Sie ließen meine Mutter nicht im Regen stehen. Dass das „Suso-Blatt" bald darauf vom Erzbistum gekauft, gleich darauf eingestellt und seinen Abonnenten das fromme und linientreue Bistumsheft „Konradsblatt" in den Briefkasten gesteckt wurde – ein Schelm, wer dies in Verbindung mit dem weltoffenen Kurs der Redaktion brachte. Viele Konstanzer empfanden es so. Mir gab es erneut zu denken.

Was mich am meisten irritierte, war die Selbstverständlichkeit, mit der die Mächtigen in der Kirche auch in diesem kleinen Beispiel wieder versuchten, jede Pluralität, jede Vielfalt der Positionen innerhalb des kirchlichen Raumes zu ersticken.

Es wird im Jahr 1973 gewesen sein, als ich mit einem Dutzend Zehn- und Elfjähriger beriet, wie die Jugendgruppe heißen sollte, die ich leitete. Üblicherweise trugen die Gruppen die Namen von Heiligen, Bischöfen oder Päpsten. Ich hatte eine andere Idee, die bei meinen Schützlingen gut ankam. Wir nannten die Gruppe „Camilo Torres". So hieß der kolumbianische Priester und Befreiungstheologe, der im Februar 1966 als Guerillero von der Armee Kolumbiens in seinem ersten Gefecht erschossen wurde. Ich hatte aus einem Fernsehbeitrag von ihm erfahren und mir im Archiv der Regionalzeitung zusätzliche Informationen über ihn besorgt. Torres hatte vor seinem Weg in den Untergrund formuliert: Der bewaffnete Kampf gegen die Armut und gegen die Unterdrücker ist ein priesterlicher Kampf. Er war für mich der christliche Bruder Che Guevaras.

Als der Pfarrer von der Namensgebung erfuhr, sagte er nur: „Kenn' ich nicht. Ist das ein Bischof oder ein Heiliger?" Ich verneinte beides. Er: „Mhmmm." Eine Woche später teilte er mir mit, er habe meine Gruppe in Petrus-Gruppe umbenannt. Er hatte sich nicht einmal die Mühe gemacht, die Identität des Camilo Torres zu recherchieren. Dies hat mir wahrscheinlich größeren Ärger erspart. Und ich hatte mich doch schon auf eine kleine Auseinandersetzung gefreut.

Das ist im Rückblick wahrscheinlich die Verhaltensweise meiner kirchlichen Gegenüber, ob Gemeindepfarrer oder Religionslehrer, die mich am meisten erschütterte: Sie verweigerten mir jede Form des Diskurses. Eine Diskussion über die unterschiedlichen konfessionellen Auffassungen von Eucharistie und Abendmahl fand in meinem Religionsunterricht ebenso wenig statt wie jede andere Darstellung von der römischen Lehre abweichender Positionen. Ich hoffe und glaube, dass sich das in den vergangenen Jahrzehnten doch geändert hat.

Immerhin lieferte mir die Verweigerung theologischer Gespräche schließlich den Anlass für meinen ersten tatsächlichen Schritt in Richtung Konversion. Ich hatte in der Untersekunda den Lehrer und Priester M. gebeten, im Unterricht nicht nur Filme über die Drogengefahr oder über historische Kirchenbauten zu zeigen, sondern uns einmal über die Werke der großen Theologen zu informieren. „Wie stellst du dir das vor, Brummer?", frage M. mürrisch. Ich schlug vor, dass er uns zum Beispiel erzähle, was Augustinus in seinem Werk „De civitate dei" (Über den Gottesstaat) geschrieben habe. Vielleicht könnten wir ja sogar einen Teil des Textes in deutscher Übersetzung selbst lesen. „Das gehört nicht in die Schule", raunzte M. mich an, „das kannst du lesen, wenn du Theologie studierst. Da seid ihr doch alle zu ungebildet." In der nächsten Pause beschloss ich, von meiner Religionsmündigkeit Gebrauch zu machen und meldete mich vom Religionsunterricht ab.

Ein Gewitter mit Wolkenbruch wollte es, dass ich auf dem Nachhauseweg vom evangelischen Reli-Lehrer und Pfarrer M. K., der bei uns um die Ecke wohnte, aufgesammelt und mitgenommen wurde. Ich fragte ihn, was er tun würde, wenn ihm ein Schüler vorschlagen würde, „De civitate dei" im Unterricht zu behandeln. K. grinste: „Ich wäre außerordentlich erfreut. Ein hochwichtiger Text, der Martin Luther bei der Definition seiner Zwei-Reiche-Lehre entscheidend beeinflusst hat." Zwei Tage später bat ich ihn, an seinem Unterricht teilnehmen zu dürfen. „Arnd, Sie sind katholisch. Da muss ich erst mal mit dem Kollegen M. reden." Als der mich vor dem Lehrerzimmer traf, raunzte er mich nur an: „Wenn du meinst, dass es bei den Evangelischen besser ist, dann bleibst du auch dort und kommst nicht nach ein paar Wochen wieder zurück!"

Wahrscheinlich war es der blanke Zufall, dass ich katholischerseits auf einen völlig uninspirierten und evangelischerseits auf einen von Schülerneugier geradezu begeisterten Pädagogen getroffen war. „Na Arnd, erzählen Sie mal", fragte mich Pfarrer M. K. , nachdem er mich in der ersten Stunde als „neuen Kollegen" vorgestellt hatte, „erzählen Sie mal, was Sie so beschäftigt, was Sie besonders interessiert." Ich kam auf Hus, dann auf Wyclif zu sprechen. „Das ist spannend", unterbrach er mich und wandte sich an die Mitschüler: „Vieles von dem, was Martin Luther, Huldreych Zwingli und Jean Calvin in der Reformation wollten, hatten Wyclif und Hus schon gedacht. Toll, was der Arnd da erzählt. Da werden wir einsteigen!" Nicht alle fanden mich und diese Entwicklung „toll". Mein Sportkumpel Thommie zum Beispiel raunzte mich in der nächsten Pause an: „Warum bist du nicht bei den Weihrauch-Heinis geblieben, du Wichtigtuer? Wir hatten es so gemütlich, jetzt müssen wir uns mit dem ganzen alten Schafscheiß beschäftigen."

So begann meine persönliche Reformation. Sie zog sich insgesamt fast zwanzig Jahre hin. Dass der Weg vom Erkennen meiner evangelischen Identität bis zum tatsächlichen Eintritt in die rheinische Landeskirche sich so lang hinzog, lag daran, dass mich zwei Gemeinde-Erfahrungen in der katholischen Diaspora jeweils um Jahre zurück warfen.

Als journalistischer Berufsanfänger war ich 1976 in Calw im Nagoldtal gelandet. „Dort", so hatte mich ein mit mir befreundeter evangelischer Vikar gewarnt, „wohnt der Piet-kong". Was er meinte, verstand ich nach ein paar Wochen: eine sehr ernste, vergnügungsferne protestantische Mehr-heitskultur ohne Wein und Fasnacht. Zu alldem war einer meiner ersten Termine für die Lokalredaktion das katho-lische Gemeindefest. Die rund 2000 Katholiken machten rund zehn Prozent der Calwer Einwohnerschaft aus. Die etwa 800 Deutschen bildeten in dieser Gemeinde die größte Min-derheit, die anderen Glieder stammten aus Kroatien, Italien, Spanien, Portugal und Österreich. Das lag daran, dass es von Calw aus nur ein paar Kilometer zum Industriestandort Böb-lingen/Sindelfingen sind. Viele der Calwer Katholiken ver-dienten ihr Geld als Gastarbeiter „beim Daimler". Beim Ge-meindefest ging es hoch her. Die Spanier tanzten und kochten Paella, die Portugiesen sangen und präsentierten Stockfisch, die Italiener sangen und servierten Pizza oder Spaghetti, die Kroaten Cevapcici, die Schwaben Spätzle mit Kartoffelsalat. Wein und Bier flossen bis in den frühen Morgen. Und der Pfarrer war mitten unter ihnen. Es war warm – im Saal wie in den Herzen. Ich bekam eine Ahnung davon, was „Weltkir-che" bedeuten könnte.

Als ich einige Jahre später als junger Journalist nach Stuttgart zog, hatte sich meine theologische Distanz zu Papsttum und Kirchenverständnis wieder enorm entwickelt. Besonders die

Dogmen des 19. Jahrhunderts erschienen mir weit ab von dem, was ich glauben wollte und konnte, angefangen von der unbefleckten Empfängnis Mariens über die absolute Jurisdiktionsgewalt des Papstes bis zur Unfehlbarkeit ex kathedra.

Ich schwankte zwischen Konversion und einfachem Kirchenaustritt, zu dem mir meine Freunde rieten. Als sparsame Schwaben meinten sie: „Bei uns Evangelische isch es au net so subber gut. Und mit dem, was du an Kirchensteuer sparschd, kannschd du de Beitrag für den Tennisclub zahle."

In Stuttgart zog ich einige Male um. Eines Tages – gerade hatte ich meine neue Wohnung unterhalb des Killesberges bezogen – läutete es an meiner Wohnungstür. Vor mir stand ein freundlicher Mann. Ich schätzte ihn auf Ende vierzig. „Grüß Gott, Herr Brummer?" Ich nickte. „Ich bin der Pfarrer J. von der Fidelis-Gemeinde. Sie sind neu eingezogen. Ich möchte Sie willkommen heißen in unserer Gemeinde und Ihnen den Gemeindebrief überreichen." – Mhmmm. Ich wollte nicht unhöflich sein. „Komme ich ungelegen? Tschuldigung, ich will Sie nicht lange stören", sagte der Pfarrer und machte Anstalten, sich zu verabschieden. „Nein, nein – das ist es nicht. Aber ich glaube, Sie sind bei mir falsch. Ich überlege gerade, ob ich aus der Kirche austrete." – Mein Gegenüber schwieg einen Augenblick, dann sagte er: „Verstehe. Unabhängig von Ihrer Entscheidung sollten Sie wissen: Ich bin immer für Sie da, Anruf genügt. Und auch in unserer

Gemeindekirche sind Sie willkommen. Falls wir uns nicht wiedersehen, wünsche ich Ihnen Gottes Segen für Ihre Entscheidung und eine gute Zukunft. Ich habe nur ein Problem: ich bin neugierig und möchte wissen, was Sie bewegt." Irgendwie saß Pfarrer J. ein paar Minuten später auf meinem Sofa, trank zunächst Kaffee mit mir, dann die erste und dann die zweite Flasche Wein. Und als er sich kurz nach Mitternacht verabschiedete, boxte er mir gegen die Schulter: „So Leute wie Sie braucht die Kirch. Und ich brauch Leute wie Sie in meinem Kirchenvorstand!" Pfarrer J., die schwäbisch-ökumenische Antwort auf Don Camillo, hatte es geschafft. Ich blieb und kandidierte für den Kirchenvorstand. Ich verdanke diesem Mann Gelassenheit und einen Reigen goldener Worte.

Pfarrer J. und sein evangelischer Kollege im Pfarrhaus um die Ecke organisierten jedes Jahr ein mehrwöchiges ökumenisches Forum mit Diskussion, Vorträgen, Andachten, Konzerten und Gottesdiensten zu einem bestimmen Thema. Der Anschlussgottesdienst mit Abendmahl oder Eucharistie fand in jährlichem Wechsel in einer der beiden Gemeindekirchen statt. In meinem ersten Jahr predigte Pfarrer J. beim Abschlussgottesdienst in der evangelischen Gedächtniskirche im Chorrock und nahm am Abendmahl teil. Im folgenden Jahr ließ er die evangelischen Mitchristen an der Kommunion teilnehmen. Einige fundamental orientierte Schäfchen waren empört. In einer Serie von Briefen appellierten sie an den zuständigen Rottenburger Bischof, J.s Treiben einen Riegel vorzuschieben. Nachdem das liberal-pragmatische Ordinariat das erste Dutzend Protestnoten ignoriert hatte, beorderte der Weihbischof den Bruder J. schließlich doch zum Gespräch.

Nach seiner Rückkehr erzählte J. heiter, dass man ihm vorgeworfen habe, im Chorrock am Abendmahl teilgenommen zu haben. Er versprach es nicht mehr zu tun. Im Jahr darauf schritt er im grauen Anzug nach vorn. Dass er Protestanten die Eucharistie gespendet habe, beantwortete er mit dem Hinweis, er habe so unter der Macht des Geistes gestanden, dass er die Kommunionsempfänger nicht als Nichtkatholiken erkannt habe. Er versprach, sich zu bemühen, beim nächsten Anlass aufmerksamer zu sein. Wir freuten uns über seine heilige Schläue.

„Weißt du", sagte er mir, „ein katholischer Pfarrer ist wie das Rindvieh auf der Weide. Das beste Gras wächst direkt am elektrischen Weidezaun. Wenn man das fressen will, muss man ab und zu einen elektrischen Schlag auf den Schädel riskieren." Seine Lebensregel hatte J. von Johannes XXIII. übernommen: Nimm Dich nicht so ernst, Giovanni.

Als ich 1983 meine evangelische Frau Kerstin kennen lernte und wir zwei Jahre später heiraten wollten, sollte dies eine ökumenische Trauung werden. Als katholischer Geistlicher sollte Pfarrer J. tätig werden, auf evangelischer Seite ein Onkel meiner Frau. J. empfing uns zum Brautleutegespräch in seiner Pfarrwohnung. Er setzte uns auseinander, dass wir entweder katholisch oder evangelisch getraut werden könnten, mit dem jeweils anderen Geistlichen als beteiligten Gast. Und er erläuterte uns, dass der katholische Teil verpflichtet sei, für die katholische Taufe und Erziehung von Kindern aus dieser Ehe zu sorgen. Unser gemeinsames Stirnrunzeln, verbunden mit der Frage, ob man in dem von mir zu unterschreibenden Bogen nicht „christlich" statt „katholisch" eintragen könne, beantwortete J. so: „Niemand in unserer Kirche will, dass daran eure Ehe scheitert. Wir wissen, dass in der großen Mehrzahl der Familien die Frau entscheidet, in welcher Konfession die

Kinder getauft werden und aufwachsen. Wenn Ihr Verlobter das unterschreibt, bekundet er nur, dass er es möchte, durchsetzen muss er es nicht." Wieder ein Beispiel für den Don-Camillo-Pragmatismus nicht nur dieses Priesters.

Mit dem Wegzug aus Stuttgart und dem baldigen Tod des Pfarrers J. ging mir eine wichtige katholische Bezugsperson verloren. Zunächst in Ulm, dann in Bonn, wo ich von 1987 an als politischer Korrespondent in der damaligen Bundeshauptstadt arbeitete, suchten wir in beiden Kirchen nach einer religiösen Bleibe. Wir trafen da wie dort freundliche, aufgeschlossene Leute. Wir diskutierten wie einst die Gäste in meinem Elternhaus bis tief in die Nacht über die Bücher Hans Küngs und Dorothee Sölles.

Ich freundete mich mit der Idee an, die ich später von Trutz Rendtorff, dem großen evangelischen Theologen, so glänzend ausgedrückt fand: mit der Idee von der Wahrheit der Vielfalt, von der Wahrheit des Vorläufigen, des Menschlichen im Angesicht der unbedingten, der göttlichen Wahrheit. Aber meine Bindung an die katholische Tradition des Elternhauses war stark. Und ich hatte katholische Freunde, unter anderem in der „Kirche von unten", die Konversion als Verrat empfanden, als billiges Davonlaufen, wo es doch zu kämpfen galt für eine Reform der Weltkirche.

Als ich im Oktober 1987 nach einer Predigt des Kurienkardinals Ratzinger und in den Wirren der Kölner Sedisvakanz, dem Streit um die Neubesetzung des Bischofsstuhles nach dem Tode Joseph Kardinal Höffners, mit meiner Geduld am Ende war, empfahlen mir diese katholischen Weggefährten, höchstens aus der katholischen Kirche auszutreten. Wer austritt, sagten sie, kann zurückkommen; wer die Kirche wechselt, ist ein für allemal weg. Ich kam mir vor wie ein DDR-Dissident, der einen Ausreiseantrag gestellt hatte. Man nannte mich zwar nicht wortwörtlich Kameradenschwein, aber manch einer meiner Freunde empfand im Stillen so: Man macht sich nicht einfach leicht vom Acker, um sein individuelles Glück zu finden; man hält stand, bleibt sich und den Seinen treu im Kampf um eine erneuerte Kirche.

Der Tag, an dem ich beschloss, dem Evangelischen in mir Raum zu geben, hatte mit einem Ratzinger-Wort zu tun, das inzwischen der wohl bekannteste Beitrag des heutigen Papstes zur Definitionsdebatte der römischen Kirche ist: die Diktatur des Relativismus. Er verwendete es in der genannten Predigt während des Requiems für den verstorbenen Amtsbruder Joseph Höffner im Kölner Dom. Als Journalist nahm ich an dieser Trauerfeier am 25. Oktober 1987 teil. Eine der Zeitungen, die ich als Bonner Korrespondent vertrat, hatte mich um einen Bericht gebeten. Eigentlich wollte ich das gar nicht machen, aber dann überredeten mich die lieben Kollegen der hessischen Regionalzeitung doch. Indem ich dem Kurienkardinal zuhörte, vergaß ich jede journalistische Distanz. Er würdigte den Verstorbenen als einen Mann, der standhalte gegen jene „neuen Schalmeien, die Befreiung verheißen und in Wirklichkeit nur ihre eigene Macht meinen". Es folgte ein Exkurs gegen Aufklärung und rationale Infragestellung, der leider nirgendwo dokumentiert ist, weder im Archiv der Diözese, noch in dem der Bischofskonferenz. Ich aber weiß und empfinde bis heute, was Ratzingers Rede damals bei mir auslöste. Die rhetorische Scheindialektik des Mannes aus Rom, hier die dem Zeitgeist hinterherhastenden, kurzatmigen Modernisten, dort die fest Glauben, Lehre und Tradition in der Nachfolge Jesu Christi verteidigende eine heilige römische Kirche, hatte mich so erzürnt, dass ich meiner evangelischen Frau eine Stunde später entgegenrief: Ab morgen zahle ich meine Kirchensteuer bei deinen Leuten! Und den Kollegen der Regionalzeitung teilte ich mit, sie sollten sich doch der Berichte von dpa und kna bedienen.

Einen Journalistenkollegen, von dem ich wusste, dass er ordinierter Pastor war, fragte ich: „Was muss ich gelesen haben, wenn ich zu euch kommen möchte?" Er antwortete: „Gelesen haben ‚müssen' gibt es nicht. Aber ich empfehle ‚Die Sache mit Gott' von Heinz Zahrnt. Und wenn einer der Theologen, von denen in diesem Buch die Rede ist, Sie besonders interessiert, dann nichts wie ran."

Es war nicht nur einer, der mich faszinierte. Ich las in wenigen Monaten vieles, vor allem Texte und Bücher von

Paul Tillich, Rudolf Bultmann und Karl Barth, kam auf weiteren Wegen zu Adolf von Harnack, Friedrich Schleiermacher und letztlich zu Martin Luther. Ich fand mich sofort wieder im Wort vom Priestertum aller Glaubenden oder in Luthers Wittenberger Vorlesung zum Römerbrief mit dem Wort, wir Menschen seien gleichermaßen Sünder wie Gerechte und alleine gerechtfertigt in der Gnade Gottes. Ich erlebte Heimat in Luthers Wort vom Gottesdienst des Schusters in der Welt und vor allem im „Sermon von den guten Werken". Ich machte mich auf den Weg, ein evangelischer Christ zu werden.

Mein Anruf im Büro der kleinen Gemeinde im Siebengebirge, zu der auch mein Wohnort gehörte, erreichte einen freundlichen Vikar, der mich zu einem Gespräch einlud. Ein, zwei Tage später saß ich bei ihm und quoll über von neuen theologischen Erkenntnissen. „Schön, schön", unterbrach er mich lächelnd, „ich würde gerne mit Ihnen das weitere Verfahren der Aufnahme in unsere Gemeinde besprechen." Ich war einigermaßen enttäuscht, als ich feststellte, dass ich nicht schon morgen, per Stempel und Unterschrift des Vikars in einer Urkunde, auf meiner Lohnsteuerkarte „ev." eintragen lassen konnte. Die rheinische Kirche, erklärte er mir, sei presbyterial verfasst. Ich würde also Mitglied der Gemeinde und dadurch Mitglied der Kirche. Bei den Katholiken und soviel er wüsste auch bei den Lutheranern werde man Mitglied der

Kirche beziehungsweise der Landeskirche und dann einer Gemeinde zugewiesen. Nachdem ich unmittelbar an der Grenze zur Schweiz aufgewachsen war, leuchtete mir das ein: Auch Schweizer konnte man nicht werden, man erhielt das Bürgerrecht einer Gemeinde und damit des Kantons sowie der Eidgenossenschaft.

Nach meiner ersten Irritation offenbarte sich mir ein neues, ein der reformatorischen Tradition entstammendes Kirchenverständnis. Nicht der Vikar, der Pfarrer, entschied, sondern die Gemeinde, vertreten durch ihren Vorstand. Kirche ist Gemeinde, keine abstrakte Größe, sondern konkrete Gemeinschaft. Das gefiel mir. Das gefiel mir sehr. Leichter wurde der Vorgang dadurch indes nicht. Drei würdige Damen des Presbyteriums wollten mit mir sprechen, sich vom ordnungsgemäßen Zustand „meines Glaubensgerätes" überzeugen, wie eine Freundin witzelte. Als wir zum ersten Mal telefonierten, lud ich die Presbyterinnen auf ein Glas Wein zu mir nach Hause ein. „Trinken Sie regelmäßig Alkohol?", fragte mich die Frauenstimme streng. Und ohne meine Antwort abzuwarten, fügte sie hinzu: „Nein, wir treffen uns besser im Gemeindebüro."

Das Gespräch war dann sehr knapp und weder unfreundlich noch besonders herzlich. „Sachlich" wäre wahrscheinlich das richtige Prädikat. Oder „nüchtern". Frau F., offenbar die Anführerin des Trios, schlug mir eine Art Probephase vor.

Ich sollte beim nächsten Basar der Gemeinde einen Verkaufsstand übernehmen und an einem Bibelgesprächskreis teilnehmen.

Gerne, sagte ich, welches Thema der Gesprächskreis denn behandle? Den Galaterbrief. Super, rief ich. Das ist einer meiner Lieblingstexte im Neuen Testament. „Christus hat uns von dem Fluch des Gesetzes losgekauft…", begann ich, um gleich zurecht gewiesen zu werden: „Sie sollen zuhören und nicht erzählen in dem Gesprächskreis." Das fand ich, um es vorsichtig auszudrücken, nicht sehr einladend. Und meine evangelische Frau meinte, als ich davon erzählte: Bleib' doch einfach weg, das musst du dir doch nicht gefallen lassen. Ich aber wollte da rein, in diese Kirche!

Jahre später verstand ich, was die strenge Presbyterin meinte. Sie wollte mir, dem Katholiken, sagen: Schauen und hören Sie sich mal genau an, wie wir mit der Schrift umgehen. Vielleicht sind Sie im Herzen zu katholisch, um das auf die Dauer mitzutragen. Sie wollte nicht mich prüfen, sondern mir die Möglichkeit eröffnen, diese evangelische Gemeinde aus der Nähe zu erleben und dann ganzen Herzens zu entscheiden: Da gehöre ich hin.

Das ist zwar wenig spontan und zugewandt, wahrscheinlich aber nicht gänzlich unvernünftig.

Ich fühlte mich jedenfalls nicht vereinnahmt, sondern skeptisch beäugt.

Die Aufnahme in die Gemeinde ein paar Monate später empfand ich als sehr feierlich. Der Vikar segnete mich und stellte mich der Gemeinde vor. Mein Gelöbnis sprach ich laut und
deutlich.

Nach der Konversion brachen keine wunderbaren Zeiten
für mich an. Auf mich wirkte die Atmosphäre der Gemeinde
pragmatisch und alltagsgrau.

ANGEKOMMEN – IN HAMBURG

Das änderte sich, als ich ins lutherische Hamburg kam. Dort traf ich in einer Stadtrandgemeinde Menschen, mit denen ich mich bis heute verbunden fühle. „Jubilate" hießen Gotteshaus und Gemeinde. Zu Recht. Der Kantor: Ein Ass! Seine Kantorei, schätzungsweise 30 Leute, sang mindestens einmal im Monat im Gottesdienst. Und immer wurden die Menschen in den Bänken animiert, mitzusingen und mehr als nur Auditorium zu sein: „Singen Sie laut mit, auch wenn es mal falsch rauskommt!" Der Pastor: eine herausragende Persönlichkeit! Verständliche, humorvolle Predigten, immer darauf ausgelegt, den Weg zwischen Text und Gemeinde so kurz wie möglich zu machen. Noch mehr zu preisen: sein Sinn für eine menschenfreundliche und einladende Liturgie. Gottesdienste, die tatsächlich „gefeiert" wurden, von allen. Erst jetzt wurde mir klar, was ich in den katholischen Messen so oft vermisst hatte. Ich empfand die Hochämter an Weihnachten oder Ostern als „Holy Horror Picture Shows". Priester und ein Dutzend Ministranten lieferten eine Inszenierung ab. Die Gemeinde blieb bis auf ein paar Lieder, Glaubensbekenntnis, Vaterunser und Fürbitten auf die Rolle des Publikums reduziert. Hier war der Liturg und Prediger ein Brückenbauer, ein Öffner, ein Einbezieher. Niemand zog seine leitende Funktion in Zweifel. Alle wussten: Das ist einer, den wir als Kirche besonders haben ausbilden lassen, damit er für uns da ist. Und nach dem Gottesdienst im Kirchencafé wurde diskutiert, gestritten, erzählt, wie Lesungen und Predigt auf die Gemeinde gewirkt hatten.

Am ersten Sonntag, an dem meine Frau und ich den Fuß in diese Kirche setzten, waren wir aufgenommen, gehörten wir dazu. Christentum auf Augenhöhe. Das galt auch für Harry, den Berber, der üblicherweise in der U-Bahnstation vor der Kirchentür Platte machte. Sonntags kam er in die Kirche und ging zum Abendmahl, reichte seinen Nachbarn links und rechts zum Friedensgruß die Hand. Mancher rümpfte die Nase, im wortwörtlichen Sinne. Denn Harry roch manchmal wirklich streng nach Schweiß, Zigaretten und Bier. Doch er gehörte eindeutig zu uns, wie Herr L., der ständig vor sich hin brabbelnde Rentner, wie die Hochschulprofessorin, der geschiedene Künstler und all die Lehrer, Lehrerinnen und Journalisten. Zum ersten Mal war ich im Hause des Vaters wirklich zuhause.

Wir dachten gemeinsam darüber nach, wie wir mit den Leuten im Stadtteil ins Gespräch kommen könnten. Manches, was wir versuchten, ging fürchterlich schief. Hin und wieder war jemand beleidigt und blieb der Kirche ein paar Wochen oder Monate fern, aber der Geist der Gemeinschaft war stark und herzlich genug, den meisten der bockigen Mitchristen den Rückweg leicht zu machen.

Einer der schönsten Momente: Der Kantor hörte in der Adventszeit vier Bläser in der Hamburger Mönckebergstraße weihnachtlich musizieren, mit einem Hut vor ihren Füßen. Er sprach sie an und lud sie ein, beim Weihnachtsgottesdienst mitzuwirken. Die vier Jungs, arbeitslos gewordene Konzertmusiker aus St. Petersburg, kamen und bliesen, dass es eine Freude war. Und im nächsten Jahr kamen sie wieder und nahmen Spenden der Gemeinde mit nach Russland.

In der Zeit meiner Konversion hatte ein mir nahestehender Protestant gespottet: „Einmal katholisch, immer katholisch. Ihr braucht doch den Papst! Die einen, um ihn zu verehren, die anderen, um sich gegen ihn zu wehren."

Spätestens in Hamburg registrierte ich, dass das für mich nicht stimmte. Ich liebe die Offenheit und Pluralität meiner neuen Heimat. Manchmal, wenn sich ihre behördliche Struktur in den Vordergrund drängt, kann diese Kirche grauenhaft grau sein, ich rede dann von der „öffentlichen

Glaubensverwaltung". Aber ihre synodale Struktur und ihr reformatorisches Grundbekenntnis, Menschenwerk zu sein, macht sie, Gott sei Dank, kritikfähig und veränderbar. Martin Luthers Wort „ecclesia semper est reformanda", verbunden mit dem Eingeständnis vom bedingten und vorläufigen Sein selbst des frömmsten Anliegens und der Anerkenntnis allein Gottes als des Unbedingten, wie Paul Tillich formulierte, bezeichnet für mich die Kirche der Freiheit. Eine Kirche, die sündigte, etwa als sie sich mit dem Nationalismus in Deutschland verband und zum guten Teil mit dem Nationalsozialismus. Aber eine Kirche, die endlich auch zum Stuttgarter Schuldbekenntnis fähig war. Menschen irren und sündigen. Sie tun es oft genug gerade dann, wenn sie sich als Kirche eins wähnen mit dem Heilsplan Gottes. Dies zu sehen und auszusprechen, ist für mich der Quell evangelischer Identität.

Es gibt in meinem Bekanntenkreis genug katholische Christen, die dies alles unterschreiben. Wenn ich sie frage, warum sie meinen Weg nicht auch gehen wollen, geben sie sehr unterschiedliche Antworten. Manche fragen zurück: „Vermisst du denn gar nichts, in dieser kargen und spröden Kirche?" Ein Vorurteil.

Was ich jedenfalls nicht vermisse, ist eine überzogene, vergötzende Marienfrömmigkeit, einen Reliquien- und Heiligenkult, die seltsame Logik, dass man im Gespräch mit Gott

Heilige als Fürsprecher benötige. Das bedeutet entweder, dass dieser Gott nicht in der Lage ist, die Not der Betenden selbst wahrzunehmen, oder dass er, der Unbedingte, gewisse Bedingungen erfüllt sehen will. Beides ist gottlose Relativierung.

Ich vermisse die Ohrenbeichte nicht. Wenn wir bereuen und uns im Gottesdienst gemeinsam der Gnade Gottes anempfehlen, ist die Sündenschuld bei Gott aufgehoben, ohne dass es eines vermittelnden Lossprechers im Beichtstuhl bedürfte. Ich bin glücklich und zufrieden, selbst wenn ich mich mal über einen missglückten Gottesdienst ärgere. Wie zum Beispiel über jene Vesper Heilig Abend, in der die Liturgin quer durch die Kirche dem Küster zurief: „Herr Meier, dimmen Sie mal die Beleuchtung runter, damit es hier etwas feierlicher wird." Anschließend hielt sie eine Predigt gegen den Verpackungsmüll der Weihnachtsgeschenke, wo ich lieber gehört hätte, wie schön es ist, dass uns dieses Kind geboren wurde. Ich konnte als Bruder in Christo nach dem Gottesdienst zu dieser Pfarrerin gehen und sagen: Hattest heute nicht deinen besten Tag, Schwester! Und sie konnte, ohne dass dies ihre Würde schmälerte, antworten: Stimmt, Bruder!

EVANGELISCH UND
GLEICH RICHTIG!

Konvertiten, heißt es, sind die ernsthaftesten Verfechter der übernommenen und die abgründigsten Verächter der zurückgelassenen Lehre. Auf mich habe ich diese Aussage viele Jahre lang weder beziehen wollen noch können. Ich habe über diese Sentenz geschmunzelt, habe lächelnd den Kopf geschüttelt: Nein, nein – für mich gilt das nicht. Ich bin durchaus in der Lage, fügte ich oft im freundschaftlichen Gespräch mit Kolleginnen und Kollegen, mit Offiziellen beider Kirchen hinzu, die Qualität meiner früheren Heimat wertzuschätzen und die kleinen wie größeren Macken meines neuen Zuhauses zu erkennen.

Wie es der liebe Gott wollte, bin ich nicht einfach ein Konvertit, sondern bin kurz nach meinem Kirchenwechsel in eine sehr exponierte evangelische Position geraten, damals als Chefredakteur der liberalen protestantischen Wochenzeitung „Deutsches Allgemeines Sonntagsblatt".

Es hat weniger mich gestört als meine Redaktion, den damaligen Verlagsgeschäftsführer und die Mitglieder des Aufsichtsrates, dass ausgerechnet ein anderes evangelisches Medium meine Konversion als billigen, karrierebezogenen Akt des Opportunismus hinstellen wollte. „Idea" heißt das Medium, der Informationsdienst der evangelischen Allianz. Diese Nachrichtenagentur der pietistischen, eher konservativen und sehr frommen Strömung im Protestantismus, der sogenannten Evangelikalen, lebte in scharfer Gegnerschaft zu der in ihren Augen als „links" zu gelten habenden Zeitung, in deren Leitung ich am 1. März 1991, nur wenige Monate nach meiner Aufnahme in die evangelische Kirche, eingetreten war.

Eine Meldung etwa folgenden Inhalts wurde im Frühsommer meines Antrittsjahres lanciert: Brummer konvertiert, um Spitzenjob in der evangelischen Publizistik bekommen zu können.

Nachgedruckt wurde die Meldung nirgends. Aber immerhin beschäftigte sie den Rat der Evangelischen Kirche in Deutschland (EKD).

Meine Kolleginnen und Kollegen schrieben einen geharnischten Protestbrief nach Wetzlar, wo „Idea" sitzt, mit Durchschrift an den Rat der EKD. Aufsichtsrat und Geschäftsführer schlossen sich an. Tenor des Briefes: Man sei verwundert, dass ausgerechnet „Idea" die persönliche Glaubensüberzeugung eines Mitchristen in Misskredit ziehe, Redaktion und Verlag fühlten sich von einem sich bewusst für die Sache der Reformation entschieden habenden Menschen gut repräsentiert. Der Rat war zufrieden. Und ich auch.

Gleichzeitig stellte ich jedoch fest, was mir von außen in dieser Deutlichkeit nie bewusst geworden war: Die Härte und Schärfe der Auseinandersetzung zwischen den unterschiedlichen Strömungen innerhalb des reformatorischen Archipels in dieser Epoche machten es den Parteigängern in diesem Konflikt oftmals leichter, mit einem katholischen Bischof oder Abt zu Tisch zu sitzen als mit dem innerprotestantischen Gegenüber. Ich lernte mit beträchtlichem Staunen die Vielfalt evangelischer Positionen kennen: von A wie Abtreibung bis Z wie Zwei-Reiche-Lehre. Zwar hatte ich im weiten Feld der Theologie zwischen Tillich und Barth längst als Leser die erfreulich diskursive und weit gespannte Diversität der Positionen, Thesen und Anschauungen als befreiend kennengelernt, dass dies aber nicht nur eine Sache der theoretischen Debatten, sondern auch der praktizierten Glaubenswirklichkeit war, musste ich erst erleben.

Ich muss sagen: Es amüsierte mich ein wenig. Es gab keinen Vatikan, der Schweige-Gebote verteilte, die Lehrerlaubnis entzog und exkommunizierte; aber die brüderliche oder um es in der Sprache einer der umstrittenen Themenfelder gender-gerecht auszudrücken, die geschwisterliche Abneigung musste sich hinter der römischen Intoleranz kaum verstecken. Mein Chefredaktionskollege Dietrich Sattler, bremischer Hanseat und kluger Theologe, zudem ein Mann des Ausgleichs, brachte es auf die knappe Formulierung: Die Reformation hat das Papsttum nicht abgeschafft, sondern es einfach inflationiert – jeder ist sein eigener Papst!

Als der amerikanische Erweckungsprediger Billy Graham 1993 für die evangelikale Evangelisationskampagne pro-Christ in der völlig überfüllten Essener Grugahalle sprach, erlebte ich in der Sonntagsblatt-Redaktion, wie die tiefe Abneigung gegen alles „übertrieben Fromme" in einen hämischen, arroganten Totalverriss der Veranstaltung mündete. Der neugierige Konvertit und Journalist Brummer erntete in der Redaktionskonferenz Unverständnis und Empörung, als er bei der Blattkritik feststellte: Mich würde interessieren, was die Menschen empfinden, die zum Teil Hunderte Kilometer angereist sind, um Graham zu hören. Was bewegt sie? Wie verstehen sie ihren Glauben? Fragen, die wir überall stellen würden – bei einer 1. Mai-Kundgebung, bei einer Friedensdemo, beim päpstlichen Segen auf dem Petersplatz –, nur bei unseren frommen Geschwistern nicht. Ein besorgter älterer Kollege nahm den Chef nach der Konferenz auf dem Flur zur Seite und flüsterte: „Sie haben doch nicht etwa evangelikale Neigungen?" – Nein, ich war einfach neugierig und voller Achtung vor tiefgläubigen Menschen.

Nicht anders ging es mir, als der TV-Pastor Jürgen Fliege vor dem Stuttgarter Kirchentag im Sommer 1999 dem Erotik-Magazin „Penthouse" ein Interview gab, in dem er Gott den „alten Gangster da oben" nannte. Schon dass Fliege dem Porno-Bilderblatt überhaupt Rede und Antwort gestanden hatte, ärgerte die Evangelikalen. Die flapsige Gottesbezeichnung war Anlass für einen innerevangelischen Kreuzzug gegen Fliege wegen Blasphemie. Ich tat, was Journalisten eigentlich immer tun sollten, ich las das Original-Interview im Sexheft. Und ich entschloss mich, es in voller Länge im Sonntagsblatt nachzudrucken. Ich fand es klasse, dass Fliege die Chance nutzte, den Lesern eines halbseidenen Bilderblattes mit Gott zu kommen. Das war genau im Sinne des Erfinders unseres Glaubens, Jesus von Nazareth, über den die Tempelpriester herzogen, weil er mit den Sündern an einem Tisch Platz nahm, aß und trank. Und die Leser, auch die kirchenoffiziellen, teilten meinen Eindruck, dass Flieges Rede vom „alten Gangster" umgangssprachlich nichts anders beschrieb als sein Unvermögen, Gott zu entkommen. Er redete wie der Mann auf der Straße und die Frau im Haus über einen alten Freund: Na, alter Gangster! Das entsprach genau dem Rezept Martin Luthers aus dem Sendbrief zum Dolmetschen, über Glauben und Heilige Schrift so zu schreiben und zu sprechen, dass jedermann Zugang finden konnte. Gut, man kann und konnte geteilter Meinung sein, ob das Bild passte und glücklich gewählt war, blasphemisch war es nun sicher nicht, weil jede beleidigende und herabsetzende Intention deutlich erkennbar fehlte.

Ich habe mich mit Jürgen Fliege hin und wieder gestritten. Manches, was er sagte und tat, findet nicht meine Zustimmung (wie umgekehrt wahrscheinlich auch). Aber ich schätze und respektiere ihn als einen, der den Weg zwischen Gott und den Zeitgenossen verkürzen möchte, in dem er – gut evangelisch – versucht, den Menschen das Evangelium in Bildern und mit Worten zu erzählen, die sie verstehen.

Ich schätze Luthers Aufforderung: „die Geister lasset aufeinander prallen, die Fäuste haltet stille". Als Konvertit habe ich gelernt, dass Protestantismus und Streit eine wichtige Beziehung zueinander haben. Und es ist gut so! Das Gottesvolk ist unterwegs. Und es hat die Heilige Schrift als Reiseführer und Atlas bei sich. Da die Wahrheit Gottes aber größer ist als unser Erkenntnisvermögen, müssen wir als Weggenossen manchmal darüber beraten, was der Unendliche und Unbedingte meint und wie wir Endlichen und Bedingten damit umgehen sollen. Ich finde es schön, als Christenmensch an dieser Wegsuche unmittelbar beteiligt zu sein. Was für mich gilt, muss aber auch für andere gelten. In unserer Gemeinschaft haben wir Kenner der Texte und Kenner der Gegend und solche, die wissen, was man den Wanderern an Strapazen zumuten kann. Sie müssen sich abstimmen. Und manchmal geraten sie eben dabei in Streit. Das ist besser, als sich als Schaf zu fühlen und einem Oberhirten hinterherzutraben, der allein zu wissen beansprucht, wo es hingehen soll.

Der Streit um die richtige Leitung der Kirche, über die Verwendung ihrer finanziellen Mittel (im übrigen als Kirchensteuer nichts anderes als Mitgliedsbeiträge), über ihre politischen, ethischen und sozialen Äußerungen findet in den evangelischen Gemeinden und Kirchen in schönster Öffentlichkeit statt. Die Plätze dafür sind Versammlungen der Gemeinderäte, der Kreis-, Bezirks-, Landes- und EKD-Synoden. Sie bestehen aus gewählten und berufenen Mitgliedern, aus ordinierten Pfarrern, Präsides, Bischöfen und Kirchenjuristen wie aus sogenannten Laien, nicht hauptberuflich für die Kirche tätigen Menschen. Auch wenn es hoch hergeht und die Gegensätze hörbar werden, bemüht man sich um einen geschwisterlichen Ton, versucht, so viel Einheit wie nur möglich herzustellen, was meistens gelingt und manchmal eben nicht. Dieser Streit in seiner gezähmten Form ist hin und wieder Anlass zu satirischen und kabarettistischen Zuspitzungen, weil das Vokabular manchmal mehr Milde suggeriert, als es die harten Gegensätze erlauben würden. Das ist aber keine Scheinheiligkeit, sondern die ernsthafte Einsicht, dass der Widerpart Bruder und Schwester bleibt. Das mag man komisch finden, ich halte es für eine der großen kulturellen Weiterentwicklungen des Protestantismus nach dem Zweiten Weltkrieg.

Dass Streit und Respekt zu einander gehören, habe ich in zwei Situationen erlebt, in denen meine römische Prägung mich andere Verläufe und Ergebnisse des jeweiligen Dissens hatten erwarten lassen.

Einmal, relativ bald nach dem Eintritt in die Chefredaktion des Sonntagsblattes, schrieb ich einen sehr scharfen, kritischen Kommentar zur Rolle des SPD-Politikers und früheren Kirchenjuristen Manfred Stolpe im Umgang mit SED-Regime und Stasi in der DDR. Ich erhielt einen zornigen Brief von einem hochrangigen kirchlichen Beamten, der darüber hinaus Mitglied des Aufsichtsrates unseres Verlagshauses war. Ich rief ihn an und fragte ihn, wie ich mit diesem Brief umgehen sollte. Mein Gegenüber verstand die Frage irgendwie nicht ganz: „Ja wie denn? Es ist ein Leserbrief. Entweder Sie veröffentlichen ihn oder Sie lassen es." Punkt. Ende. Nie hat mein Gesprächspartner seinen Zorn im Aufsichtsrat spüren lassen, gegen mich oder gar gegen das Blatt. Er blieb uns verbunden wie zuvor. Eine evangelische Haltung im eigentlichen Sinne.

Und noch ein Beispiel: Selbst als eine Mehrheit der Kirchenleitung der Meinung war, nicht nur die Geschichte des Sonntagsblattes, sondern auch die seines Verlages sollte zu Ende gehen, bekamen wir und die Befürworter einer weiteren direkten medialen Präsenz des Protestantismus die Chance, unser Konzept (das im Magazin „chrismon" schließlich realisiert wurde) der Konferenz der Landeskirchen, dem Rat der EKD und der EKD-Synode vorzulegen. Obwohl im Rat, quasi der Bundesvorstand oder die Regierung der EKD, eine andere Lösung favorisiert worden war, konnten wir in der Synode eine Mehrheit für das Konzept erhalten. Und dann wurde es umgesetzt.

Im katholischen Entscheidungsmilieu wäre ein solcher öffentlicher, kontroverser Prozess unter Beteiligung der Betroffenen nicht möglich gewesen. Die Vorstellung von Kirche und Verantwortung zeigte sich am tragischen Ausgang des Kampfes um die katholische Schwangerenberatung donum vitae. Trotz Einsatzes des Vorsitzenden der Bischofskonferenz, Karl Kardinal Lehmann, und der großen Mehrheit im Laiengremium, dem Zentralkomitee der Katholiken (ZdK), zerschlug ein römisches Machtwort – sehr zur Freude der konservativen und romhörigen Teile des deutschen Episkopates – diese den Frauen in schwierigen Lebensentscheidungen dienende Einrichtung. Es ging ums Prinzip. Und eine Mitentscheidung irgendwelcher auch nur ansatzweise von den Katholiken in den Gemeinden legitimierten Gremien war außerhalb der römischen Vorstellungswelt. Die Tradition siegte über die Menschennähe.

Der Hinweis auf die Tradition im römischen Universum ist etwas, was man in relativer Form gelten lassen kann. Einen absoluten Anspruch kann man gerade aus der Tradition der römischen Kirche nicht begründen. Denn nichts ist relativer als diese Tradition mit ihren vielen großen Momenten und ihren fast ebenso häufigen und großen Fehlentwicklungen. Die Tradition selbst muss dauerhaft Gegenstand der Revision, der Überprüfung auf ihre zeitbezogene Gültigkeit und Wertlosigkeit sein – und zwar unter Beteiligung aller Glaubenden, nicht als exklusives Recht einer Oligarchie oder gar eines absoluten Monarchen im sogenannten Petrusamt.

Ich habe am Eingang dieses Kapitels erzählt, dass ich mich als Konvertit zunächst als besonnenen und dankbaren Freund meiner Herkunft verstanden habe. Das hat sich in den letzten Jahren – der Ehrlichkeit eine Gasse – doch geändert. Ich kann die oberflächliche Abwertung und Geringschätzung des aktuellen Protestantismus in der Öffentlichkeit nicht hinnehmen.

Man wirft denjenigen vor, die neue Wege von Gott zu den Menschen und von den Menschen zu Gott suchen, dass sie Suchende sind. Mit einer kaum auszuhaltenden Ignoranz. Es ist billig, evangelische Gemeinden lächerlich zu machen, die neue Gottesdienstformen suchen. Kindergottesdienste sind nicht schlecht, nur weil die Kindlein dort ein Schokobrot bekommen und mit entsprechend verschmierten Mündern in der Kirche sitzen. Die geheimnisvolle Angstmacherei in den

Gottesdiensten meiner eigenen Kindheit wünsche ich mir nicht zurück. Ich bin froh über die Menschenbezogenheit der evangelischen Gottesdienst- und damit auch Gotteskultur.

Ich bin erleichtert, die Idee heiliger Orte hinter mir lassen zu können. Es befreit mich, dass Orte dann heilig sind, wenn wir sie als solche wahrnehmen, wie es die hermeneutische Theologie formuliert. Heilige Orte können die Orte der Erinnerung sein an große Menschen und große Geschehnisse – „können", das ist wichtig. Als evangelischer Christ kann ich meinen Wahrnehmungen trauen. Ich darf sagen, dass mich ausgestellte Skelette, Weichteile von sogenannten Heiligen, ja Reliquien aller Art abstoßen.

Ich darf sagen, dass ich es als einen Skandal empfinde, wie sich die römische Kirche der Portiuncula des Francesco Bernardone, bekannt als Franz von Assisi, bemächtigt hat. Die römischen Autokraten haben zum Zwecke der Verehrung und um sich mit dem Protagonisten der Kirche der Armen zu brüsten, auf geradezu zynische Weise sein Lebenswerk unter Gold und Silber erstickt.

Im Jahr 1208 hatte der junge Franziskus allen Reichtum der Kaufmannsfamilie, aus der er stammte, verweigert und beschlossen, ein Leben in Armut zu führen. Auf göttliche Eingebung hin, baute er eine verfallene Kapelle, die Portiuncula, in einem Steineichenwald wieder auf. Als der Bischof ihm die Kapelle schenken wollte, lehnte er ab mit dem Hinweis, er habe gelobt, auf persönliches Eigentum zu verzichten. Aber zur Miete, gegen einen Korb Fische pro Jahr, werde er sie übernehmen. Franz gründete seinen Orden in diesem Kapellchen und er starb dort 1226. Auf Geheiß des Papstes Pius V. wurde zwischen 1579 und 1659 über der Kapelle die mächtige Kathedrale Santa Maria degli Angeli errichtet, noch heute eine der größten Kirchen der Welt, eine wahrhaft imposante Basilika. Als ich sie zum ersten Mal betrat und in dem mächtigen Altarraum das karge kleine Kapellchen erblickte, wie ein kleiner Kiesel in einer riesigen Schmuckschatulle, fröstelte mich. Und ich empfand es als getreues Abbild des Umgangs der Papstkirche mit kritischen Herausforderungen: Entweder werden Kritiker als Häretiker ausgestoßen und zum Schweigen gebracht (oder früher verbrannt) oder man macht sie unkenntlich, in dem man ihre kritischen Anfragen unter Bergen von Gold vergräbt, so wie man die gefährliche Strahlung eines Kernreaktors wie in Tschernobyl unter Bergen von Beton zu neutralisieren sucht. Roms Beton ist die süßliche Heiligenverehrung.

Ich bin ausgesprochen gerne Konvertit. Aber, was habe ich wirklich verändert? Als mich der NDR bat, mit der von mir sehr geschätzten Kollegin Maria von Welser Weihnachten 2010 ein TV-Gespräch über unsere Kirchenwechsel zu machen (Welser, evangelisch getauft, wechselte in die Gegenrichtung), sagte ich gerne zu. Der zuständige Redakteur schickte mir eine Mail mit der Ankündigung der Sendung mit zwei Menschen, „die ihren Glauben gewechselt" hätten. Das provozierte meine sofortige Reaktion, dann könne ich nicht mitmachen, denn ich hätte lediglich die Kirche gewechselt und meinen Glauben behalten.

Immerhin hat mich zur Reflexion ermuntert, was da so schnell und missverständlich formuliert worden war.

.

Wie steht es mit mir und meinem Glauben? Was ist mit meiner Kirchenzugehörigkeit?

Habe ich wirklich die Kirche gewechselt? Im Sinne der unsichtbaren einen und wahren Kirche, wie sie Jan Hus und Martin Luther beschreiben, habe ich das nicht getan. In seinem Bekenntnis von 1528 „Vom Abendmahl Christi" schreibt Luther: „Danach glaube ich, dass eine, heilige, christliche Kirche ist auf Erden, das heißt die Gemeinde, Menge oder Versammlung aller Christen in aller Welt, die eine Braut Christi und sein geistlicher Leib, dessen einziges Haupt er ist. Die Bischöfe oder Pfarrer sind nicht ihre Häupter noch Herren noch Bräutigame, sondern ihre Diener, Freunde … Diese Christenheit findet sich nicht allein unter der römischen Kirche und dem Papst, sondern in aller Welt, wie die Propheten verkündigt haben, dass das Evangelium von Christus werde in alle Welt kommen … dass also unter Papst, Türken, Persern, Tataren und allenthalben die Christenheit zerstreut ist leiblich, versammelt geistlich, in einem Evangelium und einem Glauben unter einem Haupt, das Jesus Christus ist."

In diesem Sinne habe ich die Kirche nicht gewechselt. Und ich kann dem Sinne nach Luthers pointierten Nachsatz gut verstehen: „Denn das Papsttum ist ohne Zweifel die rechte widerchristliche Tyrannei, die im Tempel Gottes sitzt und regiert mit Menschengeboten, wie Matth. 24,24 Christus und 2. Thess. 2,4 Paulus verkündigen. Wíewohl daneben der Türke und alle Ketzereien, wo sie sind, auch zu diesem Greuel gehören, von dem geweissagt ist, dass er an der heiligen Stätte stehen wird. Aber dem Papsttum sind sie nicht gleich." Und wenn man dann noch die beiden Textstellen nachliest, die Luther als Beleg für seine Einschätzung anführt, wird vollends klar, was er meint: Kirche, zu ihr zählt er die Orthodoxie und was ihm ansonsten von Christen in Syrien, Ägypten, Äthiopien und andernorts bekannt gewesen ist, ist überall, wo Christen sind. Und es ist eine Kirche mit Christus als Oberhaupt. Lediglich in einem Teil, dem römischen, beansprucht ein Papst den Primat, und zwar nicht nur für diesen Teil, sondern für alles, was auf Erden Kirche heißt. Luthers Texthinweis aus dem Matthäus-Evangelium (24,24) musste und muss die Papstkirche zu Recht als Provokation empfinden: „Denn es werden falsche Christusse und falsche Propheten aufstehen und große Zeichen und Wunder tun, dass verführt werden in den Irrtum (wo es möglich wäre) auch die Auserwählten." Die katholische Einheitsübersetzung derselben Textstelle spricht nicht von „falsche Christusse" sondern von „mancher falsche Messias". Und im 2.Thessalonicherbrief des Paulus heißt es: „Er ist der Widersacher, der sich erhebt über alles, was Gott oder Gottesdienst heißt, sodass er sich in den Tempel Gottes setzt und vorgibt, er sei Gott."

Bis heute sind diese Aussagen des ehemaligen katholischen Priesters und gehorsamen Mönches des Augustinerordens aus römischer Sicht der Schnitt durch das Tischtuch, der Ökumene der Institutionen unmöglich macht. Nicht lange her, dass ausgerechnet der Ökumene-Beauftragte der deutschen katholischen Bischöfe, Bischof Gebhard Müller (Regensburg), formulierte: „Es ist an der Zeit, dass man sich auf evangelischer Seite ganz offiziell von der Behauptung Luthers distanziert, dass der Papst der Antichrist sei. Denn damit war nicht der Papst als einzelner Christ gemeint. Damit sollte die katholische Kirche in ihrem sakramentalen Selbstverständnis getroffen sein. Das kann man nicht als zeitbedingte Polemik abtun." Recht hat er. Nicht der Papst als einzelner Christ war von Luther angesprochen worden. Und es war keine zeitbedingte Polemik. Es war die klare Benennung dessen, was aus Luthers Sicht die Einheit der Kirche (mit der Orthodoxie und vor der Reformation) verhinderte und bis heute verhindert: der nach orthodoxer Auffassung unannehmbare Anspruch des Patriarchen, des Bischofs von Rom, alleiniges Oberhaupt der Kirche zu sein, in Stellvertretung Christi. Dem unfreiwilligen Konvertiten Luther, der keine weitere Spaltung wollte, sondern Wahrheit und Klarheit, kann der freiwillige Konvertit Arnd Brummer nur aus tiefster Überzeugung beipflichten: Wir müssen die Ökumene, die Einheit der Christen überall auf dem Globus pflegen und erhalten. Auch mit den Söhnen und Töchtern der römischen Abteilung sind wir als Christen in diesem Sinne ökumenisch vereint, trotz Papst und Papsttum. Und daran wird sich nichts ändern. Weder werden wir Evangelischen den Führungsanspruch unseres Bruders, des Bischofs von Rom, akzeptieren, so wenig wie die orthodoxen Christen griechischer, serbischer oder russischer Provenienz, noch wird der Papst „lutherisch" werden, also sich auf die Rolle eines „Dieners oder Freundes" der „Braut Christi" beschränken. Das ist schließlich der Kern dessen, was man in Rom Tradition nennt.

Man ist ja einigermaßen froh, dass man es im Laufe der Geschichte geschafft hat, Schismen zu überwinden, also Phasen, in denen mehrere Päpste behaupteten, der jeweils einzig wahre Heilige Vater zu sein. Bisweilen geschah das militärisch. Einmal, in Konstanz eben vor fast 600 Jahren, mit den Beschlüssen eines Konzils unter gütiger Nachhilfe und nicht geringem Druck des deutschen Königs und späteren Kaisers Sigismund von Luxemburg. Wer, wann und wie in diesen

Kämpfen mit welchem Recht behauptete, der einzig wahre, einzig legitime, einzig von Kardinälen in apostolischer Sukzession gewählte Papst zu sein, ist aus der Fernsicht mehrerer Jahrhunderte eine groteske bis skurrile Geschichte. Für die Menschen, die während dieser Machtkämpfe Leib, Leben und/oder theologische Identität ließen, mag es sehr wenig lustig gewesen sein.

In langen Phasen des Papsttums waren die Heiligen Väter zu Rom recht weltliche Herrscher, die ihren territorialen oder politischen Machtanspruch zusätzlich mit der Behauptung würzten, im Auftrag des Herrn unterwegs zu sein. Ansonsten unterschieden sie sich wenig von anderen Herren. Einige von ihnen trugen lieber Brustpanzer und Beinschienen als Messgewänder. Gewiss, das ist ein paar Jahrhunderte her. Aber manches andere, was bis heute zur Machtsicherung des Papsttums dienlich ist, ist nichts anderes als eine virtuelle Panzerung des römischen Alleinherrscher-Anspruchs oder eine geistige Bewaffnung in einer Art von kaltem Krieg gegen Ketzer und Ungläubige.

Eine der sehr dehnbaren Schlüsselelemente der Tradition ist die sogenannte, oben bereits zitierte apostolische Sukzession. Sie besagt nichts anderes, als dass nur jene Bischöfe rechtmäßig im Amt sind, deren Weihe in ungebrochener Folge bis auf Jesus und die Apostel zurückreicht. Selbst katholische

Kirchenhistoriker wissen, dass diese Art „spiritueller" Stammbaum eine Behauptung darstellt, die in vielen Fällen angreifbar, in manchen eindeutig zu widerlegen ist. Aus der frühchristlichen Zeit existieren nur wenige Zeugnisse, aus denen sich mit einer großen Portion guten Willens diese Weihe-Staffel herleiten lässt. In den schismatischen Phasen geht der Überblick bisweilen völlig verloren.

Das Fehlen der apostolischen einwandfreien Weihekette ist ein leibhaftiges Problem für die Ökumene. So können Amtsträger von Kirchen, denen aus römischer Sicht dieses Etikett fehlt, eigentlich nicht anerkannt werden. In den Evangelien und in der Apostelgeschichte fehlt indes jeder Hinweis auf ein entsprechendes Amtsverständnis des Jesus von Nazareth oder seiner Jünger – sie hatten gar keines.

Die Tradition, die auf der behaupteten Sukzession beruht, ist selbst eine höchst relative Wahrheit, die nur durch sich selbst legitimiert Gesetzesstatus hat. Für die evangelische Kirche in Deutschland indes ist das Thema nicht wichtig. Weihen spielen in ihrem Amtsverständnis keine Rolle, denn sie geht vom Priestertum aller Glaubenden aus.

Das ist übrigens etwas, was mich schon früh zum Zweifel angestiftet hat und weiter Anlass dazu ist: eine Tradition, die sich selbst absolut setzt, und zwar gleichwertig neben das Neue Testament. Tradition ist für mich eine wichtige, nicht zu negierende Größe bei der Weitergabe von Wahrheit und

Erfahrung. Sie ist einer der Brückenköpfe unserer Existenz. Der andere ist die subjektive Wirklichkeit unserer Existenz, unser Sein im Hier und Jetzt. Zwischen beiden Beziehungen zu stiften, ist die Aufgabe der Gemeinschaften, die Traditionen pflegen und sich den einzelnen Menschen zuwenden, also der Kirchen.

Die Tradition, von der ich mich bewusst verabschiedet habe, ist die eines Ausschlusses der Laien von der Leitung der Kirche und die der kirchenamtlichen Abgrenzung von jedem offenen, innerkirchlichen Diskurs.

Tim kann „mit Kirche" nicht viel anfangen, weder mit der einen noch mit der anderen. Das hat er mich mehr als einmal in seiner flapsigen, spöttischen Art bei Einladungen in unserem gemeinsamen Bekanntenkreis wissen lassen. Immerhin zahlt er Kirchensteuer, was er zwar als reine Geldverschwendung bezeichnet – aber er habe eben auch eine verschwenderische Seite.

Als ich vor ein paar Monaten die Einladung zu seiner Hochzeit aus dem Kuvert zog, war ich doch ein wenig überrascht. Er würde seine zweite Ehe mit Dörte in einem fränkischen Wallfahrtskapellchen beginnen. Eine katholische Trauung und anschließend ein krachendes Fest. Katholische Hochzeit. Ich wusste, dass Dörte aus einer katholischen Familie kam und dass sie einen zwölfjährigen Sohn hat. Das machte mich neugierig. Meines Wissens dürfen Geschiedene bei den Katholiken nicht noch einmal vor den Altar treten.

Als wir uns wenig später auf einen Kaffee am Fuße des Frankfurter Bankenturmes trafen, in dem er viel Geld verdient, beantwortete er meine entsprechende Frage mit einem breiten Grinsen: „Julia und ich hatten ja nur standesamtlich geheiratet. Und Dörte lebte mit dem Vater von Adrian ohne Trauschein zusammen. Für den alten Priester also kein Problem. Alles, was nicht in katholischen Kirchenbüchern protokolliert ist, existiert für die nicht."

Als ich Tim, zwölf Jahre jünger als ich, kennenlernte, ging er noch zur Schule. Ich bin seit ewigen Zeiten mit seinen Eltern befreundet. Sein Vater, ein renitenter, weil hochgebildeter Katholik, hatte seiner Kirche irgendwann Ade gesagt. Tims Mutter, eine nicht weniger gebildete, musisch und künstlerisch ambitionierte Frau, entstammt einer alten, preußisch-protestantischen Kaufmannsfamilie. Dort pflegte man seinen Glauben als Ausdruck einer kulturellen Zugehörigkeit. Für die Spiritualität waren Leute wie Johann Sebastian Bach oder Georg Friedrich Händel zuständig. In der Johannespassion, im Weihnachtsoratorium saß man nicht als Publikum, man wirkte mit: als Sängerin, an der Geige oder am Cello.

Die Mutter sorgte dafür, dass Tim und seine Geschwister getauft und konfirmiert wurden.

„Wir hätten natürlich auch evangelisch heiraten können", kam Tim meiner nächsten Frage zuvor, „hätte Mama sicher gefreut. Aber mir ist das nicht so wichtig und Dörte träumte davon, ihre Eltern zufrieden zu machen. Die sind ja schon ziemlich alt und krank. Und so hat Mama keinen Aufstand gemacht. Und außerdem: wir wollen ja keine Kinder mehr. Ich sehe Adrian wie einen eigenen Sohn. Da kann es also nicht mal mehr Krach um die Konfession der Brut geben." Dann schwärmte er von der „tollen Location" mit dem Romantikhotel neben dran. Das würde sicher ein „Super-Event". Alles „total individuell, mit einer coolen Band, mit Freunden und Kollegen". Alles easy.

So war es dann im schönen Mainfranken auch wirklich. Ein Kapellchen im Weinberg. Lediglich die Trauzeugen mussten noch kurz vor der Zeremonie ausgewechselt werden. Der alte Pfarrer hatte seine Toleranz offenbar bereits bis an die Grenze strapaziert. Tims Zeugin Sina, eine Muslima, die – auch wenn sie Börsenbrokerin war, kein Kopftuch trug, dafür aber Highheels und ein tief dekolletiertes Kleid – das ging kirchenrechtlich gar nicht. Und Valentin, der Vater von Adrian und Ex von Dörte, ein ungetaufter Franzose, kam als deren Trauzeuge auch nicht in Frage. Die Ausgebooteten trugen es mit Humor. „Geht es, wenn ich schnell nach Hause fahre und mein Kopftuch hole?" „Isch atte eine Lizenz zum Zeugen, aber nicht als Zeuge." Dörtes Bruder und der katholische Anwalt von Tim (der seine Scheidung durchgezogen hatte) sprangen ein. Alles individuell – und genau deshalb typisch für moderne Zeiten.

Das ist das Schöne an der römischen Kirche: Papst Benedikt XVI., die Kurie und weite Teile des Episkopates hegen ein abgrundtiefes Misstrauen gegen die Moderne. Der blinkende globale Supermarkt der Ideen, der Moden, Trends und Versuchungen ist ihnen suspekt. Aber die armen Gemeindepriester, selbst konservative und fromme wie dieser alte Herr in Franken, machen (weitgehend) gute Miene zum freien Spiel. Was man hat, das hat man, lautet ihre Devise. Wen man mal mit kirchlichem Service erreicht hat, der kommt auch wieder – zur Taufe, zur Erstkommunion, spätestens zur Beerdigung. Und das halbe Hundert Hochzeitsgäste aus der Frankfurter, Münchner und Hamburger Gentry, aus den „Life-is-money / life-is-fun"-Milieus hat wenigstens einmal eine Kapelle von innen gesehen. Eine spannende Erfahrung, wenn ich mich an die Gesprächsfetzen erinnere, die ich beim anschließenden Empfang mit bestem Schampus aufgeschnappt habe: „Gruselig, das Bild rechts vom Altar, da wird ein Mensch auf einem riesigen Rost gegrillt. Ich würde nicht wollen, dass meine Kinder so was sehen müssen. Das ist fast so schlimm wie Horrorvideos!"

Was da vor dem Allerheiligsten des barocken Wallfahrtsaltärchens abging, war ein Stückchen Untergang – wenn man dem Papst aufs Wort glaubt. Hier herrschte die Diktatur des Relativismus. Hier wurde das Deutungs- und Relativierungsmonopol der in der römischen Kirche gehüteten Tradition in vielfältiger Weise ignoriert, vernichtet, ins Lächerliche gezogen. Das wäre die Wortwahl, wie man sie auf neokonservativen Internetseiten finden kann, auf denen der Papst und Rom, aber eben auch die Priester vor Ort zu rigorosem Kurs ermuntert werden. Die Anhänger der festen Lehre hätten als Kapitulation bezeichnet, was für den Geistlichen vor Ort kleinstes Übel ist. „Was bleibt mir denn anderes?", antwortete mir der asketisch wirkende Priester nach der Trauung mit einer rhetorischen Frage, als ich wissen wollte, ob er so etwas häufiger mache. Sein Kurs: irgendwo zwischen akzeptieren, ein bisschen korrigieren und resignieren. Man kann auch sagen: pragmatisch, realistisch, offen, ein Stück weit evangelisch.

Die Mentalität der distanzierten Kirchennutzer und Ritualbucher wird gerne mit dem Etikett Individualisierung gekennzeichnet, was sehr schablonenhaft bleibt.

Es trifft zu, dass sich die überkommenen Sicherheiten und Zuordnungen fester Milieus in Auflösung befinden. Viele Menschen haben den Eindruck, sie persönlich müssten und dürften selbst bestimmen, was sich wie und wann in ihrem Leben ereignet. Sie könnten über Formen und Wege frei verfügen, könnten Ereignisse frei inszenieren.

Genau genommen handelt es sich um ein massenhaftes, paralleles Schöpfen aus einer überschaubaren Anzahl von

Quellen, das nur scheinbar individuell erfolgt. Es funktioniert unter dem Diktat eines Originalitätszwanges, der sich oft in minimaler Differenz zum Ergebnis des Nachbarn legitimiert.

Es trifft jedoch auch zu, dass die Menschen im Umgang mit Glauben, Kirche und Religion von ihrer Freiheit Gebrauch machen. Sie wählen aus, welche Antworten auf die großen Fragen vom Sinn des Lebens ihnen plausibel erscheinen. Sie wünschen sich ein Ritual in einer bestimmten Form – weil es ihnen schlicht gefällt oder weil sie einander damit eine Freude machen wollen oder weil es als besonders originell oder cool gilt. Wie Tim und Dörte. Ob das mit den Überzeugungen zusammenpasst, die Päpste und Bischöfe damit verbinden, ist ihnen nicht so wichtig. Ich will nicht sagen, dass sie es nicht interessiert, aber es ist nicht vorrangig.

Es interessiert sie – regional unterschiedlich – also durchaus, was überkommene Traditionen ihnen vorgeben, aber sie ordnen sich nicht einem Gesamtanspruch unter. Wobei sich auch die regionalen Unterschiede langsam verlieren, weil die Individuen sich dem medialen Globalisierungsprozess nicht entziehen können und wollen. Man kann heutzutage ohne Vermittler weltweit direkt und unmittelbar kommunizieren. Man kann Lebensentwürfe über die digitalen Medien importieren, spannend finden und sie nachbauen. Dass einen diese Entwürfe entkulturalisiert erreichen, weil man den Kontext nicht kennt, aus dem sie entstanden oder in dem sie begründet worden sind, erscheint nebensächlich.

Wir waren unterwegs in den Urlaub auf den Autoroutes du sud, irgendwo zwischen Lyon und Marseille. Wir fuhren eine Raststätte an. Nach dem Essen begaben mein Sohn und ich uns zur Männertoilette. Als wir die Tür öffneten, stand dort eine ganze Gruppe von Mädchen, die uns kichernd erklärte, sie würden hier aufs Klo gehen, weil die Schlange vor dem Damen-WC so lange sei. Einige dieser Mädchen trugen ein Kopftuch, mit dem sie auch die Hälfte ihres Gesichtes bedeckt hatten, während sie den gepiercten Bauchnabel zwischen Top und Jeans freimütig nackt präsentierten. Die Mädels aus den Banlieus von Paris verhielten sich genauso wie die heiratenden Banker und ihre Freundin Sina. Sie addierten modische und traditionelle Elemente zum Ausdruck einer individuell geschaffenen Identität. Bastelidentität, Patchworkidentität nennen das die Soziologen.

Was für die ästhetisch-kulturelle Selbstinszenierung als Modell genutzt wird, gilt auch für die Werte, Freiheiten und Bestimmtheiten im Umgang mit Beziehungen, Bedürfnissen und Lebensläufen. Das müssen neben Parteien, Gewerkschaften und Folklore-Vereinen auch die Religionen zur Kenntnis nehmen. Man kann heute als Kind katholisch getauft sein, als Teenager mit dem Buddhismus sympathisieren,

sich als Vierzigjähriger von der Stimmung orthodoxer Oster-
gottesdienste mitreißen lassen, der Ehe wegen evangelisch
werden und auf sein Lebensende hin vielleicht in der Kabba-
la, der jüdischen Mystik, Heil und Frieden finden.

Man kann mischen. Man kann das täglich machen. Und
das machen nicht nur ein paar Freaks und die sogenannte
Jugend von heute. Im Prinzip galt das schon für meine Tante
Adelheid, von der ich lange nicht wusste, dass sie deswegen
in New York aufgewachsen war, weil ihre Eltern aus politischen Gründen 1937 dorthin emigriert und 1950 in die Bun-
desrepublik zurückgekommen waren.

Tante Adelheid spielte wie auf Knopfdruck von der einen
zur anderen Minute eine zur vorigen grundverschiedene Rolle. Eben sprach sie noch mit bayrischem Akzent und plau-
derte von ihrer Liebe zu Dirndln. Mit einem Male war sie
Amerikanerin zu Besuch in Würzburg, mit Brooklyn-Akzent
und ätzenden Sprüchen über die stupid germans, die einem
österreichischen Rattenfänger hinterhergelaufen waren. Da
sie nicht mehr gut zu Fuß war, sah sie den lieben langen Tag
Fernsehen. Sie begeisterte sich morgens für den Ostersegen
urbi et orbi aus Rom, identifizierte sich am Nachmittag beim
Anschauen eines Films über sein Leben mit dem schwe-
dischen Pfarrerssohn Ingmar Bergman, begeisterte sich um
19 Uhr für Zen. Und am Abend bevorzugte sie, wenn es nur
ging, einen möglichst brutalen Actionthriller. Bevor sie zu

Bett ging, betete sie lang und laut oder sang Kirchenlieder. Die Familie hatte Mitleid mit der Armen, die wahrscheinlich so geworden sei, weil sie viel durchgemacht hatte. Ich sah das nicht so. Ich freute mich, wenn sie uns besuchen kam und ein paar Tage bei uns wohnte. Heute halte ich sie für die Protagonistin eines modernen Lebensstils.

„Ich finde das mit dem Heiligenkult merkwürdig", vertraute mir Angelika aus meiner Hamburger Kirchengemeinde an, als sie von meiner Konversion hörte. Sie fände aber die vielen Heiligenbilder in katholischen Kirchen zumeist sehr ansprechend. Und wenn man vor einem solchen Bild Opferkerzen kaufen und aufstellen konnte, tat sie es gerne und oft. „Bei jeder dieser Kerzen denke ich an einen Verstorbenen oder eine Erkrankte aus meiner Familie. Es hat für mich etwas von positivem Voodoo."

Ihre katholische Freundin Lore, die sich zu uns setzte, wiederum erklärte: „Als ich mit siebzehn schwanger wurde, wollte ich das Kind abtreiben lassen. Ich habe mich dann aber entschieden, es zu bekommen." Ich gratulierte ihr und sagte, damit bewege sie sich exakt in der Lehre der Kirche. Sie: „Diese Lehre kann mir nicht helfen. Ich habe mich persönlich entschieden, vor Gott und meinem Gewissen. Anders geht es gar nicht. Die Meinung der Kirche ist nicht so wichtig, letztlich muss ich es verantworten. Das kann mir niemand abnehmen." Ein gut lutherisches Bild von der Freiheit des Christenmenschen. „Mhmm, ganz interessant", kaute Lore auf ihrem Fingerfood, „aber ich könnte nie evangelisch sein, schon weil die Evangelischen keine Weihnachtskrippen mögen."

Diese keineswegs außergewöhnlichen Geschichten sind für Anhänger eines dogmatischen Kirchenbegriffs eine grauenhafte Vorstellung. Unglaublich, dass jede für sich entscheiden will, nach Lust und Laune. Wo kommen wir denn hin, dass die Leute machen und auswählen, was sie für plausibel, im wahrsten Sinne des Wortes für glaub-würdig halten und was nicht. Schlimm, wettert Papst Benedikt und noch heftiger tat es sein Vorgänger, dass selbst fromme Katholiken nicht mehr selbstverständlich unseren Lehren folgen. Mich erinnert das an den letzten Satz in der Arie „In diesen Heiligen Hallen" in Mozarts „Zauberflöte". Da singt der Oberste Priester Sarastro: „Wen solche Lehren nicht erfreu'n, verdienet nicht ein Mensch zu sein!"

Die Angst vor der Freiheit des Individuums und der persönlichen Entscheidung in Fragen des Glaubens, der Religion, bis hin zur Gottesfrage, die in den päpstlichen Voten nachhallt, war vor fast 500 Jahren der wesentliche Antrieb für die Protagonisten der römischen Kirche, die Reformation Martin Luthers zu bekämpfen. Als der Klerus feststellte, dass die neuen und die nach Wyclif und Hus noch schärfer und genauer formulierten alten Ideen nicht tot zu kriegen waren, relativierten sie die Selbstdarstellung: una sancta ecclesia hieß jetzt nicht mehr eine einzige, sondern die eine, einzig wahre Kirche.

Hamburg, Anfang Februar 1998, der Kurienkardinal Joseph Ratzinger besucht die Hansestadt. Bestandteil seines Programms: eine ökumenische Vesper mit der lutherischen Bischöfin Maria Jepsen in der Petri-Kirche im Herzen der Stadt. Es muss für den Kardinal, das war nicht nur mein Eindruck, eine Art Bußübung gewesen sein, mit der ersten evangelischen Bischöfin überhaupt diese Vesper feiern zu müssen. Aufgrund der gerade von den Lutheranern angestrebten Verständigung mit der römischen Kirche wollte Ratzinger es nicht zum Eklat kommen lassen. Wäre es nach seiner Einstellung zu Frauen in Leitungsämtern und auf Bischofsstühlen gegangen, hätte er die Vesper vermieden. Das aber – so realistisch war der Kardinal – ging einfach nicht.

Dass die Bischöfin sich wenige Tage vor der Begegnung in der Petri-Kirche noch positiv über ein offenes Mitwirken von Schwulen und Lesben in der Kirche geäußert hatte, muss der Gast aus Rom als zusätzliche Provokation empfunden haben. Hart gegen sich und selbstlos im Dienst seiner Kirche biss er die Zähne zusammen und absolvierte das gemeinsame Gebet. Kaum war die Vesper beendet, suchte der Kardinal möglichst viel körperliche Distanz zur Bischöfin zu schaffen.

Mich, den Konvertiten, hat das wenig bis gar nicht überrascht. Meine katholischen Hamburger Freunde und Kollegen reagierten traurig bis empört über das unglückliche Auftreten des Kardinals. Meine evangelischen Gesprächspartner waren ein wenig amüsiert oder versuchten den Mann aus Rom gar zu verstehen. Ich war mir sicher, dass die Begegnung bei Ratzinger mehr Spuren hinterlassen hatte, als es zunächst schien. Als ich beim Vorbereiten dieses Buches einen, der damals in St. Petri dabei war, bat mein

Erinnerungsvermögen aufzufrischen, fiel dem inzwischen pensionierten Journalisten sofort ein: „Du hast damals einen Tag nach dieser Vesper zu mir gesagt: Das wird Folgen haben." Als der Chef der Glaubenskongregation in Rom im August 2000, nämlich Kardinal Ratzinger, die Erklärung Dominus Jesus publizierte, habe er an diesen Satz von mir denken müssen. Meiner Eitelkeit tat das gut. Ich hätte mich nicht mehr daran erinnert.

Jedenfalls schlug Dominus Jesus bei den Verantwortlichen in der evangelischen Kirche tatsächlich ein wie eine Bombe. In diesem Dokument bestritt ausgerechnet die Nachfolgebehörde der Inquisition den Protestanten Kirche zu sein. Bei ihnen, so stand da zu lesen, handele es sich lediglich um kirchliche Gemeinschaften. Schon der Untertitel der Schrift hatte es in sich: „Über die Einzigkeit und die Heilsuniversalität Jesu Christi und der Kirche". Da war es wieder, das Bild von der una sancta als der einzig wahren Kirche, als der Kirche, die von Jesus gestiftet ist – im Gegensatz zu den kirchlichen Gemeinschaften.

Vor allem die Lutheraner, aber auch andere, die sich in besonders engagierter Weise für eine geschwisterliche Annäherung der Kirchen stark gemacht hatten, waren erschüttert. Das war am Rande der Versammlung der EKD-Synode im November 2000 in Braunschweig mit den Händen zu

greifen. Bei den abendlichen Empfängen und an den Hotel-
bars wurde bis spät in die Nacht über Dominus Jesus, über
die möglichen Hintergründe der Erklärung und die strate-
gischen Absichten ihres Verfassers diskutiert.

Bis heute hält die Irritation der besonders ökumene-
freundlichen Protestanten an. Aber das Selbstbewusstsein
ist weiter gewachsen. Katholische Bischöfe und ihre protestantischen Gegenüber kennen einander. Mancherorts ver-
kehrt man nahezu freundschaftlich, in anderen Gegenden
wenigstens respektvoll und höflich. Den selbstgerechten
Hinweis, dass die evangelischen Kirchen ja noch stärker von
der Erosion ihrer Mitglieder betroffen seien, müssen Bischö-
finnen und Kirchenpräsidenten nicht mehr so häufig ertra-
gen wie noch in den neunziger Jahren. Das liegt weniger
daran, dass die Bindungskraft der reformatorischen Kirchen
gewachsen wäre, auch sie leiden unter dem Verlust der Milieus. Es liegt vor allem daran, dass längst nicht mehr der
Priestermangel das einzige Problem ist, mit dem die Diözesen hierzulande zu tun haben. Einige bischöfliche Ordina-
riate sind Zentren des Krisenmanagements, andere üben
sich in der Kunst, die Kluft zwischen römischer Unbeirrbar-
keit und achselzuckendem Desinteresse einer überwälti-
genden Mehrheit der Gläubigen, vor allem der aktiven, am
päpstlichen Lehrgebäude zu ignorieren oder weg zu erklären. Die Beharrlichkeit ist andererseits verblüffend, mit der

auf alle Reformwünsche – nicht nur aus dem Land der Reformation, sondern auch aus den anderen Ländern Mitteleuropas, ja sogar aus den romanischen Kirchen – in Rom mit dem Hinweis geantwortet wird, man sei eine Weltkirche und könne auf die kirchlichen Sonderwünsche von ein paar Deutschen deshalb nicht reagieren, sondern müsse im Interesse des Ganzen handeln.

Dass ich meine Konversion während der Sedisvakanz im Erzbistum Köln in den Jahren 1987 bis 1989 realisierte, stellt sich für mich heute als überraschend richtiger Zeitpunkt heraus. Schon in den folgenden Monaten wurden letzte Zweifel an meinem Weg durch die Art und Weise beseitigt, in der Papst und Kurie unter Missachtung des geltenden Konkordates den Berliner Bischof Joachim Meisner als ihren Kandidaten durchdrückten und Berge von Porzellan zerschlugen. Rom hatte Glück, dass den Vertragspartner Nordrhein-Westfalen in diesen Jahren der überzeugte evangelische Christ Johannes Rau als Ministerpräsident repräsentierte. Rau verzichtete in einer Mischung aus brüderlichem Respekt und kluger Zurückhaltung zusammen mit seinem katholischen Partner, dem Mainzer Regierungschef Bernhard Vogel, darauf, den Konflikt eskalieren zu lassen, nachdem Papst Johannes Paul II. einfach das Wahlverfahren des Domkapitels änderte, als ihr Kandidat nach der gültigen Ordnung die

Mehrheit nicht bekam. Die Proteste prallten an den vatikanischen Mauern ab wie schlecht aufgepumpte Bälle.

Meisner erwies sich als Prototyp einer Sorte von Bischof, wie sie der vormalige Papst gerne hatte und die auch seinem Nachfolger als die richtige erscheint. Der „Spiegel" beschrieb dies damals so: „Fast alle von Johannes Paul II. persönlich ausgesuchten Bischöfe weisen die gleichen Strukturmerkmale auf: Sie sind servil nach oben und knallhart nach unten, theologisch auf Katechismus-Niveau reduziert und vor allem marianisch fromm – nur glühende Marienverehrer werden vom Papst aus Polen mit höheren Weihen bedacht." Dass auch Benedikt XVI. diese Charakteristika favorisiert, wurde 2007 bei der Berufung des Limburger Bischofs Franz-Peter Tebartz-van Elst deutlich, der seither überall, wo er kann, die einst blühende Ökumene im Hessischen schleift.

In dieses Bild passt auch die Wahl des Meisner-Vertrauten und bisherigen Kölner Weihbischofs Rainer Maria Woelki zum neuen Erzbischof der Diözese Berlin. Protestanten, die den Liebling Meisners aus dem Rheinland kennen, reagieren entsetzt. In Berlin hofft man, dass der Mann vom Rhein an seiner neuen Aufgabe in der weitgehend entkirchlichten Hauptstadt wächst und sich wie sein verstorbener Vorgänger Georg Sterzinsky als verlässlicher Partner für die Evangelischen erweist. Gespannt sieht man an der Spree der ersten Begegnung des bekennenden Gegners gelebter Homosexualität mit dem schwulen Bürgermeister und antikirchlichen Exkatholiken Klaus Wowereit entgegen.

Zu theologischen Auseinandersetzungen mit widerborstigen Gliedern der eigenen Kirche oder zu ethischen Debatten in Staat und Gesellschaft ist der aktuelle Typ Oberhirte, wie ihn Tebart-van Elst verkörpert, jedenfalls kaum in der Lage. Wehmütig denkt man in Limburg an den Vorgänger Franz Kamphaus zurück oder schaut über den Rhein, wo in Mainz der weise Karl Lehmann noch die Geschicke lenkt.

Klare Kante scheint die Linie der Neuen zu sein, Schluss mit der alltäglichen Kooperation zwischen katholischen und evangelischen Gemeinden. In Tebartz-van Elsts Bistum wird dieser Abgrenzungskurs bis ins letzte Dorf durchgezogen. In dem Taunusörtchen, in dem ich lebe, kann ich das am konkreten Beispiel studieren. Einst hatten sich evangelische Pfarrerin und katholischer Pastoralreferent den Religionsunterricht in der Grundschule geteilt, nach dem Motto: Du unterrichtest die Klassen 1 und 3, ich 2 und 4 mit den Schülern beider Bekenntnisse. Jetzt ist es dem katholischen Partner verboten! Es gab einen ökumenischen Gemeindebrief der landeskirchlichen evangelischen, der methodistischen und der katholischen Gemeinde. Letztere musste raus aus dem Verbund, weil es jetzt einen gemeinsamen Gemeindebrief im pastoralen Raum gebe. Der ökumenische Chor (mit katholischen Sängerinnen) singt nur noch in der evangelischen Kirche.

Inzwischen haben sich die evangelischen Kirchen, namentlich die von Hessen und Nassau, auf die eigenwillige Limburger Distanzstrategie gut eingestellt. Sie bleiben gelassen und sagen deutlich: Was nicht geht, geht halt nicht. In Frankfurt etwa ist die Reformationsfeier am 31. Oktober wieder allein evangelische Angelegenheit. Der katholische Stadtdekan Johannes zu Eltz: „Die Kirchenspaltung ist für uns kein Grund zu feiern." Und Pröpstin Gabriele Scherle nimmt nicht mehr im Talar am sogenannten Karlsamt im katholischen Dom teil, sondern sitzt als Ehrengast in der ersten Reihe: „Das entspricht meinem theologischen Selbstverständnis."

Öffentlich gilt zwischen den beiden Institutionen nach all den an Deutlichkeit nichts vermissen lassenden katholischen Erklärungen der letzten zwölf Jahre: Schweigen ist Gold.

Einige aufrechte Ökumeniker im Zentralkomitee wollen den beiden ökumenischen Kirchentagen 2003 in Berlin und 2010 in München 2017 einen dritten folgen lassen. Nur: 2017 jährt sich zum 500. Mal der Anschlag der 95 Thesen Luthers in Wittenberg, der Beginn der Reformation. Sollen die Evangelischen das im Sinne des Frankfurter Stadtdekans nicht lieber alleine feiern? Nein, meinen andere prominente Katholiken wie die Professorin Dorothea Sattler. Auch für ihre Kirche sei die Reformation im Ergebnis ein Grund zum Jubilieren. Ich bin gespannt.

Nicht am offiziellen kirchlichen Schweigen beteiligt ist die seltsame Koalition katholischer Fundamentalisten und sich progressiv gebärdender Agnostiker in den Redaktionen diverser Medien – unterstützt vom einen oder anderen protestantischen Hochschultheologen. Der skurrile Chor pflegt ein Hobby, sehr zur Freude mancher römisch-katholischer Bischöfe: die Diskreditierung und Herabwürdigung der evangelischen Kirchen und ihrer Gemeinden. Die Thesen sind alle etwas abgestanden, was aber ihre Verkünder nicht im Geringsten in ihrer Lautstärke beeinträchtigt. Zu lasch, zu diesseitig, zu beweglich, lautet das gemeinsame Verdikt.

Die Jünger des Gedankens „Kirche muss weltfern sein" aus beiden Lagern behaupten: Vom zeitgenössischen Protestantismus gehe *keine Orientierung* aus, evangelischer Glaube sei *„Glaube light",* in evangelischen Gottesdiensten werde *nicht mehr von Gott gesprochen,* evangelische Gottesdienste seien *liturgisch lächerliche Spaßevents,* evangelisches Christentum gefalle sich in *ethisch-moralischer Überheblichkeit,* evangelische Reformbereitschaft sei es, *dem Zeitgeist japsend hinterherzurennen,* evangelische Kirche sei dank der zahlreichen Frauen in Pfarrämtern und Leitungsfunktionen zu einer intellektuell leichtgewichtigen *Mutti-Kirche* geworden.

Die lautesten Stimmen dieses kuriosen Bündnisses überbieten einander im schadenfrohen Urteil: Und all eure modernistischen Eiertänze ändern nichts daran, dass euch in hellen Scharen die Kirchenmitglieder davonlaufen!

Was die Kommentatoren aus den beiden Lagern verbindet, liegt für mich, den Überläufer, für mich, der ich mich als Erwachsener für diese Kirche entschieden habe, klar auf der Hand: Sie haben keine Ahnung von reformatorischer Theologie und sind stolz darauf. Und sie haben sich stillschweigend auf die ihre Positionen gelten lassende Dialektik geeinigt: Wir respektieren einander in froher Feindschaft: hier zynische Transzendenz-Verachtung, aber Achtung vor den hartgesottenen, „klaren" Positionen der starrsinnigen schwarzen Kirche von gestern, dort das Bedürfnis nach einer deutlichen Distanz zur relativistischen Welt und das Bedürfnis nach einem sauberen Gegenmodell. In dieses schlichte Ja-Nein-Verhältnis passen die differenzierte Theologie und die plurale Welt der evangelischen Kirchen, Gemeinden und Strömungen nicht hinein. Als Protestant bin ich auf der Suche, muss wählen und entscheiden – und zwar immer wieder neu. Das ist Häresie. Das ist der Zweifel, ohne den für mich nicht geglaubt werden kann. Ja, aus meiner Erfahrung ist der Zweifel der Künstlername des Glaubens. Ich habe auf meinem Weg aus den festen Mauern der alten Kirche auf das weite, offene Feld der evangelischen Wirklichkeit gelernt, dass dieser Zweifel, das Fragen danach, wie ich meine Erfahrungen mit der Wirklichkeit Gottes immer wieder neu verbinden kann, eine wohltuende Haltung, ja das satte Erlebnis der Freiheit ist. Und dies gilt im festen Wissen, dass auch die aus Erfahrung gewonnene Erkenntnis vorläufiger Natur ist. Diese Einsicht fördert die Bereitschaft zur Demut, aber auch das zuversichtliche Hoffen, von Gottes Wirklichkeit auch im Irrtum nicht ausgeschlossen zu sein, sondern die Chance zu neuer Erfahrung zu erhalten.

Ich bin ein leidenschaftlicher Bewunderer des Philosophen Karl Popper und seiner Denkweise des kritischen Rationalismus. Popper forderte von den Wissenschaftlern bei einem seiner späten öffentlichen Auftritte: „Etwas mehr intellektuelle Bescheidenheit. Wir Intellektuellen wissen ja nichts. Wir tasten." Poppers Philosophie, alle menschliche Erkenntnis stehe unter dem Vorbehalt, sich als falsch erweisen zu können, findet ihre Krönung in der Haltung eines aufgeklärten Pragmatismus der Erfahrung. Der Vorbehalt der Falsifizierbarkeit wäre sonst als Aufforderung zum fatalistischen Achselzucken zu verstehen: Wenn eh alles falsch sein kann, dann lassen wir es doch gleich. Nein, sagt Popper, wenn sich etwas aus menschlicher Erfahrung bewährt hat, dann gilt es damit zu arbeiten. Wir brauchen bewährte Arbeitshypothesen, bewährte Erfahrungen, um in der Welt arbeiten zu können. Allerdings muss das Augenmerk der Handelnden der Revidierbarkeit und Korrekturfähigkeit ihrer Werke gelten. Mit anderen Worten: Sollte sich herausstellen, dass etwas eben nur gut gemeint war, aber fürchterlich schiefgegangen ist, weil wir den Fehler im Augenblick der Tat noch nicht erkennen konnten, muss es zu verändern sein. Die besten Reformen sind deshalb korrigierbare kleine Schritte.

Die weltgeschichtlichen Erlösungsmodelle des 20. Jahrhunderts, die nicht ins Paradies führten, sondern in massenhaften Morden endeten, sind der beste Beleg für Poppers Aufruf zu Vorsicht und Behutsamkeit und für seine Aussage, wenn Theorien und Menschen kollidieren, müssten im Zweifel die Theorien sterben und nicht die Menschen.

Nach meiner Entscheidung für eine evangelische Identität ist mir der Mond aufgegangen. Lutherische Theologie und Poppers Philosophie werden in Matthias Claudius' Lied „Der Mond ist aufgegangen" unübertroffen poetisch knapp präsentiert: „Seht ihr den Mond dort stehen, er ist nur halb zu sehen und ist doch rund und schön. So ist's mit manchen Sachen, die wir getrost verlachen, weil uns're Augen sie nicht seh'n."

Die am Menschen orientierte Grundhaltung, man müsse sich selbst und den Zeitgenossen Gott und die Schrift immer wieder neu verständlich machen, ist den Vertretern abstrakter Lehrgebäude ebenso fremd wie den Protagonisten der reinen Spaßgesellschaft. Für die einen steht alles längst fest, für die anderen gilt nur das Ich und seine momentane Befindlichkeit. Dass das Scheitern, dass Fehler und unzureichende Versuche den Weg der wahren Erkenntnis pflastern, auch den der Kirche, wenn sie die Menschen in ihrer Lebenswirklichkeit erreichen will, ist nicht Ausdruck der Unfähigkeit, sondern Beleg für die Bereitschaft, sich weder fatalistischer Ignoranz noch falscher Gewissheit hinzugeben.

Reformatorische Theologie, zumal eine solche, die sich auf Martin Luther, auf Friedrich Schleiermacher oder die Großen der liberalen Theologie bezieht, kann nicht anders, als die befreiende Botschaft von der Liebe Gottes durch Jesus Christus in die Lebenswelten der Mitmenschen zu transportieren. Und die ihr verpflichteten Akteure wissen, dass es sich um nichts anderes handelt als um missionarischen Dienst gegenüber Leuten, die in den Sprachen und Bilderwelten der Gebildeten nicht mehr zu Hause sind oder es nie waren. Die Männer und Frauen der Kirche vollziehen ihren Auftrag höchst selten im Kontakt mit den Gebildeten unter den Verächtern der Religion. Sie haben es weit häufiger mit den fühlenden, aber unwissenden Freundinnen, mit den sprachlosen Zugeneigten oder Indifferenten zu tun. Sie setzen Zeichen und entwerfen Allegorien, sie übersetzen die großen Erzählungen der Bibel – ja auch das – in die Bilderwelt der Massenmedien und ins Soap-Format. Und sie sind dabei oft sehr allein, mühen sich mit einzelnen Freiwilligen und hoffen, Trost und Liebe zu verbreiten.

Denn es geht ihnen mit Recht nicht um die Verbreitung von gelehrtem, kanonisierten Geschwätz, sondern um die Verkündigung der Liebe Gottes unter den Einsamen im Überfluss der Welt, unter den Traurigen inmitten der Spaßgesellschaft, unter den Überforderten im sozialen Stress der Alles-ist-möglich-Parolen.

Sie künden von einem Glaubenskern, in dem ein Gescheiterter den Eintritt Gottes in die menschliche Geschichte symbolisiert, ein Verhöhnter und Verspotteter, ein Verlachter und Missachteter. Sich wie er verhöhnen und verspotten zu lassen bei dem Versuch, die Liebe Gottes in die Herzen der Menschen zu bringen, ist für seine Nachfahren nicht schlimm. Ihnen wie weiland Josef von Arimathea beim Tragen zu helfen, das wäre für die klugen Meister des Überhebens von links wie

100

rechts möglicherweise eine Selbsterfahrung: dass man erhöht werden kann, wenn man vom hohen Ross absteigt.

Wen es nicht interessiert, ob die Liebe Gottes in die Welt kommt, wer damit zufrieden ist, wenn die absolute Lehre, die betonierte Tradition heilig und unversehrt bleibt oder die Selbstheiligung der Selbstgerechten funktioniert, der schüttele sich vor Lachen über die armen Tröpfe von Pfarrern und Pfarrerinnen, die ihren Dienst ernst nehmen, in dem sie sich – mit vielen Schwächen und Fehlern, aber engagiert und voller Sorge – auf die Menschen zu bewegen, sie bewegen und sich von ihnen bewegen lassen.

Von wegen „keine Orientierung"

Aus päpstlichem Mund und aus manch anderem kommt immer wieder der gleiche Sermon: Den Menschen müsse die Kirche wie ein Leuchtturm Orientierung bieten. Ich habe dies in meiner rebellischen Phase als Anmaßung empfunden. Vor allem dann, wenn es sich um Fragen der konkreten Lebensbewältigung handelt, kann aus menschenferner Distanz keine Hilfe kommen. Der Leuchtturm steht am Ufer und strahlt vor sich hin. Es kümmert ihn nicht, wenn ein Boot absäuft und ein anderes an den Klippen des Lebens zerschellt.

Schuld sind dann nicht der Leuchtturm und sein Wärter, selbst schuld sind dann die Leute in den Booten, die nicht genügend vorsichtig waren und das Licht des Leuchtturmes nicht genügend beachtet haben.

Die römische Kirchenidee vom unfehlbaren Lehrgebäude des Papsttums, die gottlob von den katholischen Christen an der Basis täglich ad absurdum geführt wird, steht außerhalb des Lebens wie der Leuchtturm außerhalb des Ozeans.

Christsein heißt: mit im Boot sitzen, gemeinsam mit den anderen nach Lösungen suchen, die Ruder ergreifen, die Pinne halten, besonders dann, wenn der Sturm aufkommt. Das Schiff, das sich Gemeinde nennt, braucht kluge und erfahrene Leute an Bord. Sie sollten in der Lage sein, konkret und rasch auf die ständig wechselnden Herausforderungen im Wogengang des Hier und Jetzt zu reagieren. Es geht nicht um abstrakte Exempel, sondern um teilnehmende Hilfe, um liebenden Rat. Eine Frau und ein Mann, die über Präimplantationsdiagnostik nachdenken, brauchen konkrete Menschen an ihrer Seite, mit denen sie sprechen können, Seelsorger also, und keine dogmatischen Verlautbarungen von der Sorte „absolut verwerflich" oder easy-going-Parolen wie „alles ist möglich".

Man beschäftige sich mit der Realität in Kirchengemeinden, in der Krankenhaus-, Notfall- oder Telefonseelsorge. Dort wird den Bedrängten ein zuhörendes und ratendes Gegenüber zur Seite stehen. Ausgehend von den zwei großen, göttlichen „L", Lieben und Leben, orientieren sie im Boot auf dem Meer der Zeit. Die großen Sprüche der dogmatischen Weltdeutung sind dabei nicht brauchbar.

Wie unsinnig allgemeine Parolen sind, wenn es um konkretes Leid geht, wurde und wird in den römischen Erklärungen zur weltweiten HIV-Problematik auf erschreckende Weise deutlich. Die ganz schlimmen Zeiten sind ja, Gott sei Dank vorüber, in denen ein Papst in Afrika HIV-Infizierten Kondome untersagte und Enthaltsamkeit als den einzigen Weg empfahl. Es ist leicht, über die Köpfe der Leidenden hinweg vom Richterstuhl aus das richtige Leben zu erklären. Reformatorische Theologie fordert von den Seelsorgenden, ob ordinierte Pastoren oder einfach in der Diakonie des Alltags engagierte Christenmenschen, in der Nachfolge Jesu bei den des Heils und der Heilung Bedürftigen zu sein. Das mag keine telegene, medial klar konturierte Posaunenrhetorik hervorbringen. Den Betroffenen ist das liebende Sorgen, Hören, Raten und Handeln Orientierung genug.

Was bitte ist denn Glauben light?

Die „Light"-Version des Glaubens sei Protestantismus. Was ist an dessen theologischer Grundlage „light", die die Einzelnen verpflichtet, all ihr Tun und Lassen mit ihrem Gewissen vor Gott zu verantworten und auf dessen Gnade verwiesen zu sein? Was ist „light" daran, wenn man glaubt, nur durch die Gnade gerechtfertigt zu sein und mit all seinen guten Werken kein Stück näher ans Heil zu kommen, nicht mit einer Wallfahrt, nicht mit einer Prozession, nicht mit Gebeten? Kein Ablass, den man durch genügend rituelle Aufwartung erhandeln kann, bequem und mit sicherem Ende. Ist das „light", also leicht, locker, flach und oberflächlich?

Ich habe die Übungen meiner alten Kirche, die von den Geistlichen propagierten Meisterschaften im Rosenkranz-Wettbeten, verbunden mit der Zusicherung, auf diesem Wege garantiert näher ans Himmelreich zu kommen oder einem Verstorbenen die Gnade Gottes erkaufen zu können, als „light" empfunden. Und die persönliche Verantwortung, das Wissen, im selben Augenblick zugleich Sünder und gerecht zu sein, schien mir die harte Tour zu sein. Sie erfordert das persönliche Bekenntnis der Einzelnen, den Verzicht auf stellvertretendes Handeln, das Einstehen und die Reue.

Aber vielleicht ist mit „light" etwas ganz anderes gemeint. Nämlich, dass die sündigen Menschen einen leichten, direkten Zugang zu Gott haben und die Leidenden sowieso. Vielleicht verstehen die Plakateure dieses Etiketts unter „light", dass es keinen Ausschluss aus der Gemeinschaft gibt für Schwule und Lesben, für Geschiedene, die eine neue Ehe eingehen, für Gescheiterte, die eine neue Chance suchen. Es wird ihnen leicht gemacht, in die Gemeinschaft zu kommen, wenn sie sich verhalten, wie es Paulus im Galaterbrief formuliert hat. Sie brauchen nur zum Glauben finden und mit dem Glauben in die Spur des Rabbi Jesus, dann müssen sie keine Gesetze mehr erfüllen, die eine Kirche, die Menschenwerk ist, sich ausgedacht hat, um das alltägliche Leben und die Zulassung zum Tisch des Herrn bis ins Detail zu regeln. Gemessen an diesen Menschen und an den Schwierigkeiten, die ihnen die römische Kirche bei der Aufnahme in die Gemeinschaft macht, ist evangelische Inklusivität wahrlich die „Light"-Version, das ist die menschenfreundliche Version des Glaubens. Lasst uns froh und munter sein!

Der Furor des Konvertiten darf nicht die Falschen treffen. Zum Beispiel nicht die Leute der Caritas, die ein Café für Stricher, für schwule Prostituierte in deutschen Großstädten betreiben, nicht die Leute in der Nachfolge des Francesco Bernardone in den Favelas von Rio und Sao Paulo, nicht Menschen wie das Idol meiner Mutter Dom Helder Camara, den Bischof von Olinda und Recife und großen Inspirator der Befreiungstheologie. Gerade die Befreiungstheologen, zum Beispiel der großartige ehemalige Franziskaner-Pater Leonardo Boff, haben es nicht verdient, mit in den Topf zu geraten.

Wobei das Schicksal des Leonardo Boff, der sein Priestertum aufgegeben hat und nun mit einer Frau und deren Kindern lebt, zeigt, wie schwer man es „Ketzern" unter den Rechtgläubigen auch in der Gegenwart noch macht. Anstatt mit ihm öffentlich zu streiten, hat ihm der aktuelle Papst in seiner vormaligen Rolle als Glaubenswächter ein Bußschweigen auferlegt. Das ist „light", gemessen am Schicksal von Ketzern aus alten Zeiten. Ich halte es für menschenfreundlicher – und ich zitiere den Satz Luthers erneut –, die Geister aufeinanderprallen zu lassen, geschwisterlich zu streiten und den Bruder gerade in seiner fremden Haltung predigen und gelten zu lassen. Ein Hoch dieser „Light"-Version von Gegnerschaft und Streit. Im Sinne Voltaires – mir bedingt ein Kirchenvater – möchte ich als Maxime freiheitlichen Geistes formulieren: Ich widerspreche Ihrer Auffassung grundsätzlich, aber ich werde notfalls mit meinem Leben dafür einstehen, dass Sie sie frei und ohne Einschränkung äußern können. Das gilt allemal für Leute, die in ihrer alltäglichen diakonischen Arbeit zeigen, dass es ihnen im Sinne des Nazareners um die Menschen geht und nicht primär um die Erfüllung lebensferner Regeln. So wie Jesus gesagt hat, dass es erlaubt ist, am Sabbat zu heilen. Der Sabbat ist für die Menschen da und nicht der Mensch für den Sabbat. Glauben light?

Gottesdienste voller Gott

Eine der seltsamsten Plattitüden der fundamentalistisch-agnostischen Koalition ist die Behauptung, in evangelischen Gottesdiensten werde nicht mehr von Gott gesprochen. So so.

Von welchem Gott reden diese Stimmen? Welchen Gott meinen sie? Den Gott des Jesus aus Galiläa? Den des Paulus aus Tharsos? Den des Petrus? Deinen? Meinen? Unseren? Den Gütigen? Den Strafenden? Den Zugewandten? Den Menschlichen?

Ich bin viel herumgekommen in der evangelischen Kirche Deutschlands in den vergangenen zwei Jahrzehnten. Nach meiner Einschätzung – die sich nicht anmaßt, in irgendeiner Weise statistisch korrekt zu sein, sehr wohl aber zwischen Flensburg und Konstanz, zwischen Cottbus und Aachen vielerorts persönlich wahrgenommen – wird in evangelischen Gottesdiensten der gütige Gott, der Gott des Jesus und der Apostel, wahrscheinlich intensiver verbalisiert, verehrt und geheiligt als in früheren Jahrzehnten. Dieses Vorurteil schöpft aus den siebziger und achtziger Jahren des vergangenen Jahrhunderts. Mag sein, dass dort der politischen Ethik und der ratlosen Frage Dorothee Sölles, wie man nach Auschwitz die Gottesrede halten wolle, mehr, vielleicht auch zu viel Raum gegeben wurde. Die Generation der Pfarrerinnen und Pfarrer, die zur Zeit die Hauptverantwortung für die Gottesrede in den Gemeinden trägt, muss sich diese Vorhaltung allerdings nicht gefallen lassen. Vielleicht redet sie dem einen oder anderen konservativen Geist zu wenig vom strafenden Gott. Vielleicht bekundet sie oft die Skrupel dieser Generation, das Unbedingte und Unerforschliche benennen und erklären zu können. Vielleicht. Meine Erfahrungen in Gemeindegottesdiensten, bei Trauungen und Beerdigungen, bei Taufen und Konfirmationen lassen mich aussprechen, dass überall in gutem Geist von Gott geredet wird. In angemessener Scheu und mit der nötigen protestantischen Demut. Es wird kein Kuschelgott bemüht. Die Predigerinnen und Prediger machen es sich schwer und damit oft ihren Zuhörern auch. Sie verzichten auf eine pathetisch vordergründige Gottesgewissheit, auf eine donnernde Instrumentalisierung. Zu meiner nicht geringen Freude gilt das Hauptaugenmerk, soweit es die Perikope (die Ordnung der Predigttexte) zulässt, so oft wie möglich dem Gott des Jesus und so wenig wie möglich anderen Gottesbildern. Ich finde diese Konzentration auf das jesuanische Bild vom Vater, vom Partner der Leidenden, der sich in der menschlichen Liebe, in der Hoffnung und im gläubigen Handeln offenbart, ausgenommen labend und erfrischend.

Und ich genieße es, dass nicht nur Josef, sondern auch Maria, sein Weib, mir nicht als zusätzliche Gottheit, als Himmelskönigin präsentiert wird, sondern als Mitmensch, als die reine Magd. Allen wohlfeilen Gerüchten zum Trotz: die aktuellen Generationen der evangelischen Prediger haben im Schnitt ein Niveau in ihrer Gottesrede, das gute und engagierte Katholiken für ihren Klerus sehnsüchtig wünschen. Die Kirche des Wortes mag wie jede menschliche Organisation, was die Qualität von Predigt und gottesdienstlichem Gebet angeht, durch Höhen und Tiefen gehen. Die bemitleidenswerte Lage der ausgedünnten und unter dem zölibatären Joch immer lebensferner werdenden katholischen Priesterriege wird vor allem in ihren Predigten von den gemeindlich engagierten, leidenschaftlichen katholischen Christen als römisch verursachter Skandal empfunden. Man höre nur einmal hin. Gelebte Ökumene heißt gemeinsames Leiden an dieser Situation. Die Plattitüden-Produzenten werden seit Konfirmation oder Firmung nur noch an Hochfesten die Kirchenmauern von innen gesehen haben.

Ja, es wird zu wenig von Gott gesprochen. Es wird immer zu wenig von Gott gesprochen. In den Kirchen, in den Familien, in der U-Bahn, überall. Es ist die gemeinsame Aufgabe der Christen, dies zu ändern. Dass es in der evangelischen Kirche besonders nötig ist, einen Mangel zu beklagen, ist allerdings wirklich nur ein dämliches Gerücht.

Evangelische Gottesdienste liturgisch lächerlich?

Ich habe es selbst erfahren: Die liturgische Abflachung in den Kirchen der Reformation, am wenigsten noch bei den Lutheranern, ist für einen katholisch geprägten Connaisseur des bildhaften Rituals schwer erträglich. Und ich gebe zu, dieses Vorurteil ist möglicherweise das am wenigsten falsche. Aber es liegt nicht etwa daran, dass die evangelischen Pfarrerinnen und Pfarrer zu wenig wollen, zu niedrige Ansprüche hätten. Meiner Einschätzung nach sind sie liturgisch oftmals zu ehrgeizig, weil sie an einer Art Minderwertigkeitskomplex leiden, den ihnen diejenigen eingeredet haben, die behaupten: katholische Messen seien auf geheimnisvolle Weise liturgisch reich und satt, die evangelischen, wortorientierten Gottesdienste karge und spröde Veranstaltungen.

Ausgehend von diesem Komplex und wissend, dass evangelische Gottesdienste die Gemeinde nicht in der Rolle eines staunenden Publikums belassen können, also Partizipation und Interaktion gewünscht bleiben, kommt es hin und wieder zu Mitmach-Übertreibungen, die mehr nach Kinderfest und latenter Infantilisierung riechen, als dass sie Erwachsenheit ausstrahlen.

Eine Orientierung an den beiden Grundpfeilern des evangelischen Gottesdienstes, Predigt und Abendmahl, führt meines Erachtens noch immer zu den klarsten und besten

Ergebnissen. Der Versuch, katholischen Weihrauch und Messdiener in Kompaniestärke durch sogenannte neue Formen auszugleichen, macht die Freunde des klassischen Gottesdienstes sprach- und heimatlos, ohne dass die Entwöhnten gewonnen würden.

Die schönsten Gottesdienste, finde ich, gelingen dort, wo man sich neben Abendmahl und Predigt auf den großen Schatz des Protestantismus verlässt, auf eindrucksvolle Musik, auf Lieder, die viele kennen, von Paul Gerhardt bis zu den Gospels oder den herausragenden Texten und Kompositionen der Schneiders und Trautweins ("Danke", "Ein Schiff, das sich Gemeinde nennt", "Komm, Herr, segne uns"). Eine ordentliche Kantorei ist liturgisch belebend und ermöglicht kontinuierliche Mitwirkung vieler auf gutem Niveau. Dass nach einem geradezu selbstzerstörenden Abbau von Kantorenstellen in vielen evangelischen Landeskirchen eine Zeit der Rückbesinnung auf den Wert der Musik und des Umdenkens heraufdämmert, erscheint mir als wichtigste Beobachtung in Sachen Gottesdienst.

Ethisch-moralisch überheblich?

"Nichts ist gut in Afghanistan", diese klare und knappe Aussage der damaligen EKD-Ratsvorsitzenden Margot Käßmann im Neujahrsgottesdienst 2010 hat eine Menge Wirbel ausgelöst. Politiker aus Union und SPD warfen Käßmann vor, ohne Detailkenntnis und undifferenziert zu einem komplexen Thema Stellung zu nehmen, dem Afghanistan-Einsatz der Bundeswehr im Auftrag der Vereinten Nationen. Schnell war in den Kommentaren zu diesem Satz, während einer Predigt von der Kanzel gesprochen, die Rede von moralischer Überheblichkeit. Ich habe im kollegialen Gespräch mit Journalisten die Frage gestellt: Was ist Aufgabe einer Neujahrspredigerin, und zwar einer evangelischen?

Die Reaktionen zeigen vor allem eines: tiefe Unkenntnis des theologischen Hintergrundes der evangelischen Predigt. Gerade weil sich kirchliche Stimmen nicht anmaßen können und wollen, das Geschäft der Politik zu betreiben, müssen sie sich das Recht zur prophetischen Rede nehmen. Diese Form der Einmischung in menschliche, in weltliche Angelegenheiten ist weder eine Form der Besserwisserei, noch der Anspruch, konkrete, differenzierte Gebrauchsanweisungen für die verantwortungsethische Entscheidung zu liefern.

Die prophetische Stimme will aber sehr wohl darauf hinweisen, dass eine solche Entscheidung immer wieder neu zu treffen ist, weil sich heute als falsch heraus stellen kann, was man gestern besten Wissens und Gewissens beschlossen hat.

Und wieder ist hier von Martin Luthers Rechtfertigungslehre zu reden und vom Wissen, als handelnder Mensch stets zugleich Gerechter und Sünder zu sein. Ich habe 1993 zwischen einem Glas Wein und vielen Zigaretten mit dem damaligen, leider früh verstorbenen Präses der rheinischen Kirche, Peter Beier (1934 – 1996), über die Möglichkeit eines Bundeswehr-Einsatzes im gerade eskalierenden Balkan-Krieg gesprochen. Ich fragte ihn, wie ein solcher Einsatz aus christlicher Sicht zu bewerten sei. „Lieber Herr Brummer", begann Beier, „da wird uns das liebe Jesulein nicht helfen. Es kann sein, dass wir uns schuldig machen, wenn wir Soldaten schicken, und es kann sein, dass wir uns schuldig machen, wenn wir es nicht tun." Das sei politisch zu entscheiden, nach sorgfältiger Prüfung, und dann zu verantworten, vor Gott, vor dem Volk und dem eigenen Gewissen.

Die Prophetie ist eine Kunst des Spürens und Benennens. Diesen Gedanken erörterte ich einmal mit meinem großen Vorgänger beim „Deutschen Allgemeinen Sonntagsblatt", Heinz Zahrnt. Wir saßen wenige Tage vor seinem fünfundachtzigsten Geburtstag im Garten seines Hauses im westfälischen Soest. Zahrnt zitierte den jüdischen Religionsphilosophen Martin Buber, so wie er es auch in seinem letzten Buch „Glaube unter leerem Himmel" tat: „Ich habe keine Lehre. Ich zeige nur etwas. Ich zeige Wirklichkeit, ich zeige etwas an der Wirklichkeit, was nicht oder zu wenig gesehen worden ist. Ich nehme ihn, der mir zuhört, an der Hand und führe ihn zum Fenster. Ich stoße das Fenster auf und zeige hinaus. Ich habe keine Lehre, aber ich führe ein Gespräch." Zahrnt bezog dieses Zitat auf seine große Forderung, wir bräuchten eine zeitgemäße Erfahrungstheologie.

Ich war mit ihm vollkommen einig, dass wir Predigt aus Erfahrung und Erzählung bräuchten. Wir gingen noch einen Schritt weiter und stellten fest, dass die prophetische Rede eher der Poesie verwandt sei als der politischen Wissenschaft und dem pragmatischen, alltäglichen Handeln.

Und so machen wir die Probe: Würden die Kritiker der Käßmann'schen Neujahrspredigt von einer Lyrikerin, einem Dramatiker verlangen, dass sich ihre Rede für die konkrete Anwendung in der Politik eignet? Propheten sind „Alarm"-Rufende. Vorsicht, Achtung! Da droht etwas schiefzugehen. Würden sie ein wohldifferenziertes Gesamtkonzept präsentieren, hätten sie ihre Aufgabe verfehlt. Und man würde ihnen zu Recht bescheinigen, dass dies nicht ihr Ressort sei. Das sollten sie gefälligst den gewählten Politikern und den Experten in den Ministerien überlassen.

Aber auch die Propheten müssen damit leben, dass sie – egal, was sie sagen oder nicht sagen und wie sie es tun – danebenliegen können. Evangelische Predigerinnen und Kanzelredner mischen sich ein, sie reden von Gott in der Welt, ohne den Anspruch der Unfehlbarkeit zu erheben. Wenn sie es pointiert und drastisch formulieren, haben sie die Chance, aufzurütteln und Menschen herauszufordern, auch zum Widerspruch. Sie eröffnen den Handelnden durch deutliche Rede die Möglichkeit, mit sich selbst die Grundlage ihres Handelns noch einmal zu klären und sie anderen zu erklären. Eine solche Herausforderung ist allemal nützlich. Den Vorwurf der Überheblichkeit muss man aushalten können.

Reformgeist heißt Zeitgeist

115

Gut, man kann darüber streiten, ob die evangelische Neigung dem Neuen neugierig eine Chance zu geben, manchmal zum rhetorischen Behaupten verkommt, in dem zum Beispiel eine gerade geltende Sprachmode zur Ersatzdroge für tatsächliche Veränderungsbereitschaft wird. Ein Neusprech aus einer gerade angesagten Strömung des Zeitgeistes war die Übernahme des Beamtenvokabulars im 19. und zu Beginn des 20. Jahrhunderts. Der „Oberkirchenrat" konnte mit dem „Ministerialrat" auf Augenhöhe kommunizieren. Das „Landeskirchenamt" war institutionell jeder anderen Behörde gleichwertig. Die evangelische Organisation in Landeskirchen in den Grenzen des Wiener Kongresses von 1815, analog zur Neuorganisation der mitteleuropäischen Staatlichkeit, ließ die Kirchen der Reformation auch außerhalb der Schweiz (wo im calvinistisch-zwinglianischen Ansatz Kirchenleitung a priori eine Sache der staatlichen Gemeinde war) dort aufgestellt sein, wo sie seit ihrem Ursprung Schutz und Hilfe erfahren hatten. Diese Art der öffentlichen Glaubensverwaltung hat die evangelischen Theologen immer herausgefordert, angefangen beim Romantiker Friedrich Schleiermacher.

In den vergangenen fünfzig Jahren war es zunächst die Denk- und Sichtweise der 68er-Bewegung mit ihrem sozialethischen Anspruch, dann in einer teilweise kurios wirkenden Parallelität die Öko-Bewegung und die Modernisierungsstrategien der Wirtschaft. Plötzlich wimmelte es im kirchlichen Vokabular von „Nachhaltigkeit" und „Profitcenters", die Bibel wurde zur „Ressource" und die Gemeindearbeit zu „work in progress". Das war teilweise ein reiches Feld fürs Kabarett, auch fürs innerkirchliche.

Andererseits steckt in jeder dieser Epochen der Hinwendung und Auseinandersetzung mit nicht originär kirchlichem Stoff eine gewaltige Kraft, eine Bereitschaft zum Perspektivwechsel, mit der Erneuerung überhaupt nur möglich ist. In diesem Gespräch mit der Welt mag es auch heute immer wieder Übertreibungen geben. Im Wesentlichen steckt aber in der angstfreien Auseinandersetzung mit der jeweiligen Moderne die große Chance, den Menschen, wie sie in der Gesellschaft leben und arbeiten, im Duktus ihrer Sprache, in Formen, die sie kennen, nicht nur die Schrift, sondern auch die Notwendigkeit von Community, Gemeinschaft, Gemeinde oder von Beratung, Begleitung, Coaching, Seelsorge zu vermitteln. Wer auf diesem Weg unterwegs ist, muss sich von den sturen Repräsentanten einer „gegenweltlichen" Menschenverweigerungsideologie ebenso wenig niedermachen lassen wie von einer scheinprogressiven Pseudo-Avantgarde, die sich nur wähnt, die einzig echte Formulierung des Zeitgeistes geschaffen zu haben. Die Evangelischen japsen dem Zeitgeist nicht hinterher. Sie prüfen, sie debattieren, sie versuchen. Und sie tun es, weil evangelisch, plural, von Ort zu Ort unterschiedlich, kulturell divergierend und ohne Alleinvertretungsanspruch. Das ist anzuerkennen.

Und sie lassen sich weder aus der Welt in eine kultische Servicerolle abdrängen, wie es die sentimentalen Agnostiker vom Schlage des durchaus sympathischen Norbert Bolz versuchen, noch lassen sie sich als gottvergessende Ethik-Handwerker von überwiegend katholischen Neofundamentalisten abqualifizieren. Ich, der Konvertit, liebe meine schrecklich chaotische, aber ausgesprochen menschennahe neue Familie genau dafür.

Muttikirche mit Kuschelgott

Ich habe darüber berichtet, wie viele großartige katholische Frauen ich erlebt habe, angefangen bei meiner eigenen Mutter. Gerne rühmt sich die katholische Kirche ihrer großen weiblichen Gestalten, die Päpsten und Kaisern die Stirn geboten haben. Ich hatte mal erheblich Streit mit Hanna-Renate Laurien, der ehemaligen CDU-Politikerin und -Senatorin, zugleich Mitglied im Zentralkomitee der deutschen Katholiken. Sie rief mich empört an, nachdem ich in einem chrismon-Text über die Mystikerin Katharina von Siena sinngemäß geschrieben hatte, die asketischen Übungen der Heiligen wiesen für mich deutlich auf Anorexie, auf Magersucht, hin. Ihre Verzückungen seien medizinisch inzwischen klar diagnostizierte euphorische Zustände in den Hungersuchtphasen. Sie erzählte mir, wie großartig und furchtlos diese Frau für die Einheit der Kirche gekämpft habe. Ja, hat sie. Aber auch sie, das konnte die Anruferin nicht bestreiten, musste sich gegen den Vorwurf der Ketzerei vor dem Generalkapitel des Dominikanerordens verteidigen, obwohl sie zu den Verfechtern einer absoluten Papsttreue zählte: „Und selbst wenn der Papst ein fleischgewordener Teufel wäre, statt eines gütigen Vaters, so müssten wir ihm dennoch gehorchen, nicht seiner Person wegen, sondern Gottes wegen. Denn Christus will, dass wir seinem Stellvertreter gehorchen." Weil man ihr dennoch nicht traute, haben die Dominikaner ihr einen Aufpasser an die Seite gegeben, „Beichtvater" genannt, der nach ihrem Tode ihre Heiligen-Biografie verfasste.

Die Konvertitin Laurien (evangelisch getauft) und der Konvertit Brummer konnten sich inhaltlich nicht einigen

– lediglich der anfänglich scharfe Ton löste sich in gemeinsamem Gelächter auf. Immerhin gestand mir die „Hanna Granata" – wie sie wegen ihres Temperamentes genannt wurde – zu, dass man sich deshalb besonders an die starken Frauen erinnert, weil sie in der Kirchengeschichte so rar gesät sind. Und keine von ihnen schwamm in der Stromlinie der Papstkirche. Hildegard von Bingen nicht und nicht Clara von Assisi oder Theresa von Avila. Am meisten beeindruckend ist das Schicksal der kämpferischen Jeanne d'Arc, die 1431 als Ketzerin verbrannt und vor 90 Jahren heiliggesprochen wurde. Dieselben Heiligenvisionen wurden zuerst als Dämonenglauben und Feenzauber zur Häresie erklärt, knapp 500 Jahre später dann als Ausweis visionärer Heiligkeit bezeichnet.

Die Großen der Geschichte bleiben. In der katholischen Kirche bleibt aber auch die Ausgrenzung der Hälfte der Christen von Leitung, Predigt und dem Spenden der Sakramente, vom priesterlichen Amt. Frauen dürfen dienen, waschen und unterrichten, das ist genug. Jesus, so heißt die römische Lehre, sei der Ursprung der Idee, Männer zu Priestern zu weihen. Natürlich wissen die Verantwortlichen in der römischen Kirche, dass es für ihre Haltung keinen Beleg im Neuen Testament gibt. Und sie reagieren wütend, wenn ihnen dies von renommierten katholischen Theologen in langer Reihe entgegengehalten wird. Es hagelt dann Verbote und Schweigegebote oder – als milde Form – die harsche Aufforderung, doch „diese dumme und destruktive Kritik" zu unterlassen.

Wenn man Luthers Auffassung folgt, nach der die sichtbare Kirche ein weltliches, ein menschliches Ding sei, kann man ohne Aufregung feststellen: Ja, der Umgang der Kirchen mit dem weiblichen Teil der Menschheit entspricht ziemlich genau dem in Staat, Wissenschaft, Wirtschaft und Gesellschaft. Das Bewusstsein für Gleichberechtigung, von Suffragetten und Feministinnen im zähen Kampf erstritten, ist eine Errungenschaft des 20. Jahrhunderts.

Der Weg der Protestanten von der lutherischen Pfarrfrau Katharina von Bora bis zur ersten Pastorin Elisabeth Haseloff 1958 war sehr lang. Aber als die Kirchen der Reformation der Frage der Gleichwertigkeit von Mann und Frau nicht mehr auswichen, gab es nur noch eine Richtung. Und die führte zur vollständigen Teilhabe an allen Leitungsaufgaben der Kirche.

1992 wählte die nordelbische Kirche Maria Jepsen zur weltweit ersten Bischöfin. Und nicht einmal zwanzig Jahre später sind Frauen tatsächlich auf allen Ebenen der Kirche präsent, ebenso in der Hochschultheologie oder in der Diakonie. Meiner Mutter, die eine prächtige Priesterin abgegeben hätte, und einer Reihe von klugen jungen Frauen, die als katholische Theologinnen in Hochschulen oder Rundfunkredaktionen einen guten Job machen, blieb und bleibt es verwehrt, ihrer Kirche mit ihren Begabungen im Pfarramt helfen zu können.

Neuerdings geistert durch die evangelischen Akademien, über Kirchentagspodien und in männlich-konservativen Zirkeln das Wort von der „Mutti-Kirche". Der Begriff stammt von Friedrich-Wilhelm Graf, einem wichtigen Theologen der Gegenwart. Er behauptet, dass mit der wachsenden Präsenz der Frauen in Spitzenämtern, in der theologischen Wissenschaft und auf den Gemeindekanzeln die theologische Rede verflache und eine Wohlfühl-Rhetorik dominiere. Er kritisiert in den Predigten und öffentlichen Einlassungen der feminin gewordenen Kirche „das Umstellen auf einen Psychojargon, in dem es permanent um das ‚Fühl dich wohl' geht und in dem elementare Spannungen und Widersprüche des Lebens kaum noch eine Rolle spielen" (FAZ 27.3.2011).

Möglicherweise hat Graf bei Gottesdienstbesuchen mit Predigerinnen einfach Pech gehabt. Ich habe eine Menge Predigten gehört, von Männern und Frauen, sehr gute, ordentliche, mäßige und miserable. Erstaunlich wenige entsprachen dem von Graf attackierten Modell. Dass die Qualität des Gehörten geschlechtsspezifisch sei, dass die attackierte „Wohlfühl-Rhetorik" die Rede vom Kuschelgott dominiere, kann ich nicht bestätigen.

Was mir im Gedächtnis blieb, waren mehrere herausragende Predigten, die Mehrheit von Frauen gehalten. Die Regionalbischöfin in München, die Pröpstin in Frankfurt auf der Kanzel – die muss ich hier nicht loben, weil ihre Qualität bekannt ist. Ich möchte von zwei Gemeindepfarrerinnen erzählen, deren Courage und deren sensible Theologie mich beeindruckt hat, ja rührte.

Weihnachten in der kleinen Gemeinde am Ostrand von Hamburg. Beim Familiengottesdienst mit Krippenspiel am Nachmittag des Heiligen Abends ist das Kirchlein überfüllt. Vorne auf dem Boden vor dem Altar drängen sich die Kinder, in den Bänken sitzen Eltern und Großeltern. Unter ihnen ein Mann mit seinen Eltern, der sich gerade von seiner Frau getrennt hat, nachdem seine Beziehung zu einer anderen offenbar geworden war. Die beiden kleinen Söhne lagern zwischen ihren Mitschülern, die verlassene Mutter steht in der letzten Reihe an der Türe. Im Ort kennt man die Geschichte.

Die Pastorin, selbst Mutter zweier Kinder, predigt über die Weihnachtsgeschichte aus dem Lukas-Evangelium – „kein Platz in der Herberge" sagt sie. Und dann spricht sie über eine Geschichte in der eigenen Gemeinde. Da hätten zwei Leute ihre Schwiegertochter aufgefordert, aus dem Haus auszuziehen, in dem sie mit dem Sohn und den gemeinsamen Kindern gelebt habe, nachdem der Sohn die Frau verlassen

habe. Es sei schließlich Eigentum der Familie, zu der sie demnächst, nach vollzogener Scheidung ja nicht mehr gehöre.
„Kein Platz in der Herberge." Betroffenes Schweigen. Wie soll
man da jetzt „Oh, du fröhliche" singen?

Die Pastorin hat viel riskiert und einige sind ziemlich wütend auf sie. Andere aber gratulieren ihr nach dem Gottesdienst. Vor allem aber: Im Dorf wird wochenlang über den
Vorgang gesprochen. Die Frau zieht tatsächlich aus dem Haus
aus. Aber sie weiß und sagt dies auch: Ich bin nicht allein.

Mein Dorf im Taunus. Der überraschend gestorbene Jugend-
leiter des Fußballclubs wird zu Grabe getragen. Mehr als 300
Menschen begleiten seinen Sarg: Christen, Konfessionslose,
Väter und Söhne muslimischer Herkunft – ein Sportverein
wie viele im Rhein-Main-Gebiet. Sie alle haben noch die Trau-
eransprache der Pfarrerin im Kopf. Sie hat über den früh Verstorbenen gesprochen, hat erzählt, dass er auch außerhalb des
Sportplatzes zu den Jungs der Mannschaften einen persönlichen Draht hatte, zum Beispiel, wenn er sie zufällig im Supermarkt traf oder beim Kiosk. Und der Familienvater, der
durch seine kickenden Söhne zu dem Amt gekommen war,
habe immer ein paar Süßigkeiten, Kaugummis oder Lakritz
in der Tasche gehabt. Ihr Predigttext heißt „An ihren Früchten
werdet ihr sie erkennen". Und sie kommt von Matthäus auf
Fontanes Ballade vom Herrn Ribbeck auf Ribbeck im Havel-

land, der zu seinen Lebzeiten Jungen und Mädchen stets die Birnen vom großen Baum in seinem Garten anbot. Und sie erzählt, dass nach Ribbecks Tod ein Birnbaum auf seinem Grab wuchs. „Und kommt ein Jung' übern Kirchhof her, / So flüstert's im Baume: Wiste 'ne Beer? / Und kommt ein Mädel, so flüstert's: Lütt Dirn, / Kumm man röwer, ick gew' di 'ne Birn." Den Zusammenhang zwischen dem Predigttext und der Ballade muss sie nicht mehr ausführen. Viele der Kerle, unter ihnen auch eine stattliche Zahl mit Macho-Performance, haben Tränen in den Augen. Übrigens auch einige Väter, die aus der Türkei stammen. Einer von ihnen, den ich gut kenne, weil sein Sohn mit meinem in einem Team spielt, drückt der Pfarrerin am Grab die Hand, stammelt: „Wir glauben dasselbe! Danke."

Wenn man sich fragt, warum der römische Apparat, vom Oberhaupt bis hinunter in die deutsche Provinz, derzeit die Karte der Abgrenzung spielt und in Kauf nimmt, dass die ökumenisch aufgeschlossenen Katholiken in Deutschland verzweifeln, während neokonservative Kreise immer deftiger gegen die Protestanten hetzen, so wird man rasch auf zwei mögliche Antworten kommen.

1. Die aus Sicht Roms von der Nachbarschaft mit reformatorischen Kirchen infizierten und von der Diktatur des Relativismus bedrohten katholischen Diözesen, in denen der Priestermangel weite Landstriche gemeindlich verödet, sollen einer Art Gottesurteil unterworfen werden: Entweder dieser Teil des Kontinents wird weiter entkatholisiert oder es geschieht ein Wunder und die Schäflein kehren in den Pferch der einzig wahren Kirche zurück.

2. In Rom hat man tatsächlich verstanden, dass ein mit der

Moderne versöhnter Glaube entweder reformatorisch oder unmöglich ist. Aus der berechtigten Sorge, die europäische und nordamerikanische Entwicklung könnte in Südamerika, Asien und Afrika Schule machen, hat man eine Theologie des Unmöglichen entwickelt, um dem reformatorischen Element standzuhalten. Der globale Glaubenskonzern gibt Mittel- und Westeuropa auf, um in anderen Weltgegenden fundamentalistischen Entwicklungen mit rabiatem Konservativismus standhalten zu können.

Es geht in Europa längst nicht mehr um evangelisch oder römisch. In der Alltäglichkeit der Gemeinden hat das evangelische Modell, sich der Moderne zu stellen, die katholische Kirche längst in der Tiefe erfasst. Nicht im organisatorischen Handeln, viel wichtiger: Im Glaubensbewusstsein selbst derer, die sich für treue Söhne und Töchter ihrer Kirche halten, sind katholizistische Aktionen wie der mehrfach zitierte Ausbruch eines katholischen Abenteurers exotische Randerscheinungen, lediglich von Teilen des Klerus freudig begrüßt, von den sogenannten Normalkatholiken ratlos bis desinteressiert betrachtet.

Bei meinen Begegnungen mit Katholiken, nach Vorträgen oder Kanzelreden, im Fußballclub oder in der Dorfwirtschaft bemerke ich, dass die Haltung meines Stuttgarter Pfarrers und Freundes J. weit verbreitet ist. Margot Käßmann antwortete nach der Wahl Ratzingers zum Papst auf die Frage, was sie von Benedikt XVI. erwarte, knappest: Nichts! Damit befindet sie sich in der guten Gesellschaft einer großen Mehrheit der Katholiken. Neben die Verzweifelten und Deprimierten, vor allem unter den der Kirche hoch Verbundenen und Berufstheologen, treten zunehmend jene, die sich nur mehr mit gleichgültigem Achselzucken bemerkbar machen: Rom ist weit und wir machen hier unser Ding. Zorn und Trauer bei den Engagierten, Entfremdung und Fatalismus in der Breite.

Ein katholischer Banker mit evangelischer Frau fragte mich neulich während einer Diskussion in Kronberg/Taunus: „Warum soll ich konvertieren? Konfessionen interessieren doch niemanden. Ich bin katholisch getauft und zahle Kirchensteuer. Ich lebe in ‚wilder Ehe', weil meine Frau geschieden ist und schon mal mit einem Katholiken verheiratet war, den sie auch kirchlich geehelicht hatte. Aber so lange ich Kirchensteuer zahle, schert das weder meinen Pfarrer noch mich. Und wenn wir mögen, geht auch meine Frau zur Kommunion, genauso wie ich zum Abendmahl in der evangelischen Kirche, wo meine Frau im Kirchenvorstand ist."

Eine katholische Theologin und Radioredakteurin sieht das ähnlich: „Eucharistie? Wandlung? Nicht mein Thema. Ich glaub' da nicht dran. Zur Kommunion gehe ich, weil es für mich eine schöne Form von Gemeinschaft repräsentiert."

Ein Soziologe, katholisch, auf die Frage, ob sich die evangelische Kirche über Austritte nicht mehr Sorgen machen müsse als die katholische: „Nur in Hinsicht auf die Kirchensteuern. Die evangelische Kirche wächst ständig. Nur treten die Leute, die evangelisch werden, nicht in ihre Organisation ein, weil sie längst Kirchenglieder sind: katholische. Nur eine Handvoll Konvertiten tritt über. Das sind die Übersensiblen." Na bravo!, dachte ich, du bist einfach nur zu empfindlich gewesen.

Aus Neugier habe ich dieses Satzes wegen neulich morgens eine heilige Messe im Nachbarort besucht. Knapp über zwanzig Menschen, alle in legerer Kleidung, hatten sich in der Franziskuskirche, einem kleinen Saal im neuen Gemeindezentrum, versammelt. Von den vier Messdienern waren drei Mädchen. Liturgisch war außer den Gewändern und den vorgeschriebenen Kniefällen des Priesters nichts extrem von dem Abweichendes zu sehen, was nicht auch in einer evangelischen Gottesdienst-Agenda vorgesehen wäre. Wahrscheinlich hat der katholische Sinn für Feierlichkeit in diesem Bereich den stärkeren Einfluss auf die sonntägliche Gottesdienstökumene genommen, ging es mir durch den Schädel.

Die Evangelischen haben erkannt, dass die religiöse Sehnsucht der Menschen neben Worten auch Zeichen braucht. Die

Eventkultur habe ich bereits erwähnt. Ob es Kritikern wie Friedrich Wilhelm Graf oder Konvertiten wie mir gefällt oder nicht: Lichtermeere und -ketten, Martinsumzüge und derlei Spektakel an Kirchentagen oder sonst wo nähren die Sehnsucht vieler Leute nach dem besonderen Erlebnis.

Die gesungenen Lieder standen bis auf eines alle auch im evangelischen Gesangbuch, unter ihnen der Dankchoral des evangelischen Pfarrers Martin Rinckart zum Ende des Dreißigjährigen Krieges 1648 „Nun danket alle Gott mit Herzen, Mund und Händen". Das „Vater Unser" wurde mit dem Schluss „Denn Dein ist das Reich…" gebetet, früher in katholischen Kirchen vollkommen unüblich. Dann predigte der Priester über „Das Geheimnis der Dreifaltigkeit", erzählte dabei ein seltsames Märchen von einem Sternenmädel, das zum Kuh-Melken auf die Erde kommt. Sein Grundton war der gleiche leiernde der Priester meiner Jugendzeit und auch die Schlussfolgerung, mit der er die Predigt beendete, kam mir bekannt vor: „Wir müssen wieder Ehrfurcht lernen!" Das beschleunigte meinen Puls. Ehrfurcht kann man nicht lernen, so wenig wie Angst oder Freude oder Wohlfühlen oder Hingabe oder Liebe. Und warum „müssen"? Wenn jemand gefragt ist, dann jene, die Wege zur Ehrfurcht öffnen, die den Blick für das Große und Unbedingte schärfen könnten. Da war er wieder, der gute alte Zorn über die Theologie des Müssens und Befehlens.

Die folgenden Fürbitten, von einem älteren Mann aus der Gemeinde gelesen, besänftigten mich: „Wir bitten Dich, Gott: Gib unseren Leitenden die Weisheit, den Suchenden in der Kirche Raum zu geben, jenen offen zu begegnen, die den Glauben erwägen." Wie oft hatte ich diesen Raum zur Suche, zur Häresie vermisst.

Nach dem Gottesdienst sprach ich den Vorleser an, ob er mir seinen wunderbaren Fürbittentext überlassen könnte. „Bedaure", schüttelte er den Kopf, „den hat der Pfarrer eingepackt und mitgenommen zur nächsten Messe in der Kreisstadt." Der Pfarrer war schon während der Abkündigungen eines Referenten aus der Kirche gehastet. Ich machte noch einen Versuch. Er habe den Text aber doch geschrieben, vielleicht habe er ihn noch zuhause auf dem PC und könne ihn mir per Mail zusenden. „Nein, ich habe den Text nicht geschrieben. Ich habe ihn erstmals gesehen, als ich zu lesen begann. Die Texte sind bei uns allein Sache des Pfarrers, darauf legt er Wert. Und wir würden es nie wagen, daran zu rütteln." Schade.

Am Abend desselben Sonntags besuchte ich eine Vesper in meiner Heimatgemeinde. Die Pfarrerin hielt eine launige Ansprache über die bevorstehende Ferienzeit. Man stünde vor dem Kleiderschrank und überlege, was man einpacke. Und dabei käme man auch ins Überlegen, ob man nicht mal ein paar Klamotten ausmisten solle. Manches, was saubequem sei, tauge einfach nicht mehr, anderes sei zu eng, zu weit geworden. Weg damit! So ähnlich sei es auch im Leben der Kirchengemeinde: „Mut zur Veränderung, Mut, etwas Neues zu wagen, die alten Kleider einmal abzulegen und sich neu anzukleiden – das wünsche ich uns hier auch für unsere Gemeinde. Das heißt ja nicht, gleich den ganzen Inhalt des Kleiderschrankes nach Bethel zu schicken – aber ich denke, unser Schrank ist groß genug, dass auch noch Neues Platz finden kann. Oder man entschließt sich sogar, etwas auszumisten, wer weiß? Auf jeden Fall braucht es unsere Phantasie, Menschen, die Wünsche äußern, und Menschen, die bereit sind, sich einzubringen, mit ihren Ideen und Vorstellungen, Menschen, die offen sind für Neues und Lust haben am Ausprobieren – und die eventuell auch selbstkritisch feststellen können: Nein, das steht unserer Gemeinde doch nicht so gut. Wenn uns dies gelingt, dann bin ich sicher, dass unsere Gemeinde lebendig bleibt."

Und dann kamen die Fürbitten: „Guter Gott, wir bitten dich für deine Gemeinde, dass sich immer wieder Menschen finden, die ihre Begabungen und Einfälle, ihre Zeit und Energie einsetzen, damit sie lebendig ist und bleibt. Wir bitten dich um Mut für diese Arbeit, dass wir die alten Formen schätzen und auch Neues wagen, dass wir es auch wagen zu improvisieren, zu experimentieren – um Menschen zu erreichen, die weit weg sind von der verfassten Kirche. Wir bitten dich um Geduld und einen langen Atem, damit wir nicht so schnell aufgeben, aber auch um den Mut, Scheitern und Irrtum einzugestehen. … Gott, du hast uns zur Mitarbeit in deiner Gemeinde berufen. Wir bitten dich, schenk uns auch die Kraft und Freude dazu, damit wir dazu beitragen, dass dein Geist weht und Leben schafft.“

Ich war wieder zuhause. Und drückte die Pfarrerin beim anschließenden Kaffee an mein Herz: Danke, Schwester!

„Entscheidend is aufm Platz." So hat der legendäre Ruhrpott-Trainer Adi Preißler einmal alle Diskussionen über Taktik und Mannschaftsaufstellung vor einem wichtigen Spiel seiner Elf beendet. Entscheidend – für die sichtbare Kirche, da wie dort – ist in den Gemeinden.

Denn nichts anderes ist die Kirche als die Gemeinde der Gemeinden: die Gemeinschaft der Heiligen, die Bewegung Jesu Christi, die Freundinnen und Freunde der Liebe. Ob es gelingt, dass sich Menschen nicht länger als Kunden für Taufen und Hochzeitsrituale, für Kranken-, Obdachlosen-, Manager- und sonstige Seelsorge ansehen oder als mehr oder minder bereitwillige Kirchensteuerzahler, sondern als Teil einer Gemeinschaft: allein daran wird sich die Zukunft des organisierten Christentums entscheiden.

Warum sind Anziehungskraft und Bindewirkung der Kirche quer durch die Milieus so gering geworden? In meinem bunten Freundeskreis wird diese Frage immer wieder gestellt. Unter meinen Freunden finden sich Christen der großen Konfessionen, Freikirchler, gewesene Kirchenmitglieder, die sich immer noch als Gläubige bezeichnen, Ausgetretene, die sich selbst Agnostiker oder Atheisten nennen, und nicht zuletzt einige, die genau dies über Jahre und Jahrzehnte behauptet haben, inzwischen aber in eine Kirche zurückgekehrt sind.

Sören, Architekt, Familienvater, aus der Kirche ausgetreten: „Wir sind doch beide Fußballfans. Wenn vor Spielbeginn die Mannschaftsaufstellung vorgelesen wird im Stadion – mit der Nummer 4, dröhnt der Ansager, Michael …, … Sauer!, brüllt das Publikum – das hat was von Gottesdienst!" Und Inge, Fan der Toten Hosen, Arzthelferin und Mutter, erinnert sich mit glänzenden Augen: „Wie Campino die Songs zelebriert – zum Niederknien!" Die religiösen Angebote innerhalb der Eventkultur sind gewaltig, auch wenn sie als solche gar nicht wahrgenommen werden. Wenn die Kirche – und hier spreche ich von der evangelischen, von der ich weiß, dass eine neue Definition von Mission in ihren Reihen heftig debattiert wird – wenn die Kirche bestehen und wachsen will, muss sie sich auf die Menschen zu bewegen. Und zwar mit allem, was sie hat und was sie kann. Und diese Kirche, die sich auf den Weg macht, die Botschaft zu verbreiten, sind alle, die zu ihr gehören, alle Glaubenden, also alle Priester.

Unter den Menschen, mit denen ich zu tun habe, beruflich wie privat, gibt es eigentlich niemanden, der keine Meinung über die Kirche hat. Die Mehrheit – auch der Mitglieder und Beitragszahler – hatte meinem Eindruck nach eher eine mäßige bis schlechte. Wobei sich diese Haltung merklich verändert. Dazu hat auch Margot Käßmann mit ihrer klaren Haltung nach einem Fehler, dem raschen Rücktritt von allen Ämtern, und ihrer persönlichen Präsenz in den Medien beigetragen. Wir sollten uns als Christen daran freuen, dass ihre Gaben der Sache des Glaubens so zugutekommen, was evangelischen Intellektuellen und Amtsträgern überwiegend nicht so leicht fällt. Es fällt ihnen auch nicht leicht, die erwachsenengetaufte Rockröhre Nina Hagen als eine der Unseren zu sehen oder sich gar an ihr zu freuen, wenn sie von ihren Gesprächen mit Jesus erzählt. Aber in der, bisweilen auch schillernden Vielfalt liegt die Wirkung des Erfinders. Das ist mein Resümee aus vielen, vielen Gesprächen: Egal wie die Menschen zur Kirche in ihrer aktuellen Gestalt stehen, überwältigend, ja einhellig positiv fallen die Urteile über die Substanz, die Kernaussagen des Christentums und über die Person des Jesus von Nazareth aus.

Die Debatten in meinem Freundeskreis sind möglicherweise nicht repräsentativ. Wenn es um die Frage geht, warum den Kirchen die Mitglieder weglaufen, kramen viele von uns Erinnerungen an miserable Predigten, missglückte Seelsorge oder langweilige Gottesdienste hervor. Wir packen soziologische Daten auf den Tisch, zitieren Studien und Leitartikel. Wir fragen uns, warum so viele Frauen auf den esoterischen Trip gehen oder warum sich der Buddhismus grassierender Beliebtheit bei Bürgersöhnen und -töchtern erfreut.

Nach all diesen Diskussionen bin ich inzwischen davon überzeugt, dass es ziemlich egal ist, wie die Strukturen der Kirche aussehen, wie viel Geld sie hat, ob eine Pastorin gut drauf ist oder nicht und ob der Kirchenraum zugig, feucht oder überheizt ist. Und es ist auch ziemlich nebensächlich, ob in jedem Dorf eine Pfarrstelle und ein Gottesdienstraum vorhanden sind – wenn die Menschen wirklich wohin wollen, nehmen sie auch weitere Wege in Kauf.

Wenn ich meine Freundinnen und Freunde richtig verstehe, dann suchen sie eine Kirche, die ihnen ein seelisches Zuhause bietet, die sie aufnimmt und ernst nimmt, wie sie sind, die sie liebt. Und da die Kirche aus den getauften Christen besteht, hängt es von denen, also von uns ab, ob wir diese Haltung leben. Das ist keine Frage von Traktaten und Papieren, von Inszenierungen und modernen Methoden, sondern von Einstellung und Ausstrahlung.

Einer meiner Freunde, ein Alt-68er, der nach mehr als dreißig Jahren wieder zum Glauben seiner Kindheit zurückgefunden hat, gab mir neulich einen der wichtigsten Hinweise. Er zitierte seinen Konfirmationsspruch aus dem Korintherbrief des Apostels Paulus: „Wenn ich mit Menschen- und mit Engelszungen redete und hätte der Liebe nicht, so wäre ich ein tönend Erz oder eine klingende Schelle." Es geht um die Liebe, ohne die alles nichts ist.

Knapp zwanzig Zeilen lang ist das 13. Kapitel des Briefs, in dem der klassisch gebildete Jude und römische Bürger das Herzstück des Christseins formuliert. „Und wenn ich alle meine Habe den Armen gäbe und ließe meinen Leib verbrennen, und hätte der Liebe nicht, so wäre mir's nichts nütze. Die Liebe ist langmütig und freundlich, die Liebe eifert nicht, die Liebe treibt nicht Mutwillen, sie blähet sich nicht, sie stellet sich nicht ungebärdig, sie suchet nicht das Ihre, sie lässt sich nicht erbittern, sie rechnet das Böse nicht zu, sie freut sich nicht der Ungerechtigkeit, sie freut sich aber der Wahrheit; sie verträgt alles, sie glaubt alles, sie hofft alles, sie duldet alles."

Wem das noch nicht reicht als Maßstab für die Erneuerung der Christenheit, der kann auch die Evangelien aufschlagen. Dort finden sich die Gleichnisse und Hinweise, in denen Jesus selbst auch seiner heutigen Kerngemeinde erklärt, wie sie sich in seinem Sinne zu verhalten hat. Im Johannes-Evangelium wird Jesus mit dem Rat an seine Jünger zitiert: „Daran wird jeder erkennen, dass ihr meine Jünger seid, wenn ihr euch untereinander liebt." Im Lukas-Evangelium steht das Gleichnis vom Verlorenen Sohn, der seiner Familie den Rücken gekehrt hatte. Es lässt sich leicht als die Beschreibung jener lesen, die sich von ihrer Tradition, von ihrer Kirche, vom Glauben ihrer Kindheit vollständig distanziert haben und nun als Sinnsucher durch die Welt wandern. Der Vater tadelt und beschimpft den Heimkehrenden nicht, er fällt ihm um den Hals, küsst ihn und organisiert ein riesiges Fest: „Lasset uns essen und fröhlich sein!" Das ärgert seinen anderen Sohn, der ihm stets die Treue gehalten hatte und der ihn anraunzt: „Ich habe nie dein Gebot übertreten, und du hast nie einen Bock für mich schlachten und braten lassen, damit ich mit meinen Freunden hätte feiern können." Dieser Bruder repräsentiert den harten Kern der Kirche. Die zwanzig oder dreißig Gemeindeglieder, die vielerorts den Betrieb aufrechterhalten und den Hinzukommenden – wenn sie die fremden Neuen überhaupt zur Kenntnis nehmen – gerne erklären, sie sollten sich erst mal hinten anstellen und sich in die herrschenden Bräuche einüben, bevor sie mitreden wollten.

An einem Sonntag, bei einem Gläschen Glühwein und Weihnachtsbäckerei, sprachen wir über Reinhard Mey. Dabei kamen wir auf sein Lied „Gute Nacht, Freunde". Wir waren uns rasch einig, dass Mey ziemlich genau beschreibt, wie eine Gemeinde auf ihre Umgebung wirken sollte. Mey erzählt von seinen Freunden, dankt ihnen „für den Teller, den ihr mir zu den euren stellt, als sei selbstverständlicher nichts auf der Welt" und für ihre Geduld, wenn es „mehr als eine Meinung gab". Vor allem aber dafür, „dass ihr nie fragt, wann ich komm oder geh, für die stets offene Tür, in der ich jetzt steh. Für die Freiheit, die als steter Gast bei euch wohnt" und dafür, „dass ihr nie fragt, was es bringt oder lohnt". Am schönsten aber ist die Zusammenfassung, mit der diese Ode der Freundschaft endet: „Vielleicht liegt es daran, dass man von draußen meint, dass in euren Fenstern das Licht wärmer scheint."

Auch ohne Glühwein und mitten im Sommer ist das meine feste Überzeugung: Je mehr die Menschen in die mediale, virtuelle Welt hineinleben, je selbstverständlicher der SMS-Kontakt, das Twittern, Posten und mobile Telefonieren wird, desto deutlicher ist zu sehen, dass sie auf die persönliche Gemeinschaft, auf die Wärme und Nähe, die Liebe und Treue nicht zu verzichten bereit sind. Mag ein Papstbesuch sie daran erinnern, wo die Quelle sich befindet. Das kann mir Ketzer gefallen.

Der weiße Mann im Papamobil und seine Kurienkardinäle werden die Sache Gottes mit dem Festhalten an menschenfernen Traditionen aber nicht in der Welt halten können. Lieber vertraue ich auf die Glaubenden, die Priester, in deren Fenster das Licht wärmer scheint.

Und ich habe dieses wärmere Licht einmal gesehen. Am Sonntag, dem 16. September, fünf Tage nach dem 11. September 2001 mit den tausendfach mörderischen Anschlägen von New York und Washington.

Der Gottesdienst in der Jubilate-Kirche in Hamburg-Öjendorf ist überdruchschnittlich gut besucht. Kein Wunder. Auch meine Frau und ich hatten selten einen sehnlicheren Wunsch, in die Kirche zu gehen als just an diesem Sonntag. Der Pastor beginnt über die Ereignisse zu predigen. Nach wenigen Minuten bricht er ab: „Liebe Leute, ich kann es einfach nicht. Mir fehlen die Worte…" Allgemeine Ratlosigkeit. Eine Frau ergreift das Wort: „Ich schlage vor, wir reden miteinander, tauschen unsere Eindrücke und Empfindungen aus." Sie beginnt. Noch jemand ergreift das Wort. Dann steht unsere Freundin Christel auf und spricht den Satz, den ich bis heute im Ohr habe: „Alles, was wir hier reden, höre ich seit fünf Tagen bis zum Überdruss in allen Radio- und Fernsehsendungen. Ich lese es in der Zeitung. Lasst die Worte genug sein, lasst uns Abendmahl feiern!" Und dann stehen wir um den Altar, lassen die Brotschale kreisen – „Christi Leib, für dich gegeben" – und den Kelch – „Christi Blut, für dich vergossen" – und fassen uns an den Händen. Und Wärme und Trost sind mit unseren Händen zu greifen, die Hände der anderen.

*

Gestern habe ich in Konstanz den Grabstein für meine Mutter neu setzen lassen. Auf dem kleinen Friedhof unter dem Wasserturm mit Blick über den See bis zu den Schweizer Bergen bin ich ein wenig herum geschlendert. Dann stand ich vor dem Grab von Schwester Margarethe, die mir die erste Begegnung mit dem Ketzer Hus beschert hat. Ich habe ein Blümlein auf das Grab gelegt und ein „Vater unser" gesprochen.

Arnd Brummer, geboren 1957, ist Gründer und Chefredakteur des evangelischen Magazins „chrismon". Von
1987 bis 1991 arbeitete er als politischer Korrespondent
für Tageszeitungen in Bonn, danach war er Chefredakteur des „Deutschen Allgemeinen Sonntagsblattes"
in Hamburg. Brummer ist Autor und Herausgeber
zahlreicher Bücher, auch literarischer, und ein gefragter
Redner und Diskussionspartner.